Nieve de julio

Bruño

Nieve de julio

Concha López Narváez

Ilustración
M.ª Fe González

Vacaciones

Bruño

Juan Ignacio Luca de Tena, 15
28027 Madrid

Ilustración
M.ª Fe González

ISBN: 978-84-696-1540-9
Depósito legal: M-7468-2017
Printed in Spain

BS008215/1E-1I – 7130807

Concha López Narváez

La autora

- Nació en Sevilla.
- Está casada, tiene cuatro hijos y actualmente vive en Madrid.
- Estudió la carrera de Filosofía y Letras, y se licenció en la especialidad de Historia de América.
- Durante varios años dio clases y se dedicó a la investigación histórica.
- Ha escrito más de treinta libros y varios cuentos y artículos. Le han sido concedidos diez Premios de Literatura Infantil y Juvenil. Entre otros, el Lazarillo, 1984; CCEI, 1987 y 1990; Lista de honor del IBBY, fue finalista del Premio Nacional. En 1992 fue candidata al Premio Andersen.

Para ti...

Esta es una historia de equivocaciones y sospechas, en la que ocurre lo que no se esperaba, en la que las personas resultan ser distintas a lo que parecen, en la que la niña enfadada y aburrida termina divirtiéndose y, sobre todo, descubre que las cosas mejores son aquellas que se consiguen con cariño y esfuerzo.

Además, un anciano alegre, un caballo, una perra, más de cien palomas, una casa grande, un árbol alto, una aventura y un aventurero... Y, más que eso, amistad y confianza en un verano diferente, es lo que hay entre las páginas de este libro. Espero que lo pases tan bien al leerlo como yo al escribirlo.

Para Fernando Yela
y los alumnos del Colegio
Público La Aneja, de Guadalajara,
que tanta parte tuvieron
en esta historia.

1

Nieve de julio

—¡QUÉ triste, qué enfadada y qué sola iba yo en aquel tren que me llevaba a casa del tío Pop!

—En el tren no hay peligro, tu estación es la última, y el tío Pop estará en el andén, esperándote. Has cumplido once años y puedes marchar sola. Tu madre y yo no podemos acompañarte –había dicho mi padre con el último beso.

Mis padres salían hacia Estados Unidos unos días más tarde, a aprender «nuevas técnicas», según decían ellos.

—Será un trabajo intenso, que nos tendrá ocupados durante muchas horas. No podemos llevarte con nosotros. Entiéndelo, Teresa.

Este viaje supone muchas cosas que sin él no tendríamos. Es una oportunidad, ¡única!, para nuestras carreras…

Por eso yo tenía que pasar el verano en casa del tío Pop, en un lugar extraño, entre montes y campos, que nunca había visto.

—Al menos me podría quedar con los amigos; vosotros tenéis muchos, y yo también los tengo –protesté.

—No se puede abusar. Tres meses es demasiado tiempo. Con tío Pop es distinto. Él es la única familia que nos queda, tiene sitio de sobra y dice que te espera impaciente –me dijeron.

«¡Dios mío, un verano con viejos!», pensaba, entre triste y furiosa, en aquel tren que me iba acercando al destierro. «Y, además, ¿qué sabía yo de ellos?».

El tío Pop era hermano de mi abuela. Mi abuela se murió hace ya muchos años. El tío Pop era viejo y muy alto. Tenía el pelo completamente blanco y los ojos azules. Sonreía casi siempre.

La tía Luisa era la mujer del tío Pop. También era vieja y muy alta. Tenía el pelo completamente negro y nunca sonreía.

Ya no sabía más, porque no los había visto sino cinco o seis veces, cuando hacían un viaje y venían a casa de visita.

Y ahora yo iba a casa del tío Pop y de la tía Luisa...

Pensé que aquel verano me lo habían destrozado, que no tendría arreglo, igual que ocurre cuando un vaso se cae de muy alto.

Sin embargo, ¡cómo me equivocaba! Aquel verano cambió mi vida por completo y fue el mejor de todos los veranos.

Cuando bajé del tren, el tío Pop me esperaba con los ojos alegres y los brazos abiertos. Yo me quedé mirándolo con los brazos caídos y no le sonreí.

Él hizo como si no viera el gesto, recogió mis maletas y comenzó a decirme cosas de bienvenida. Yo apenas le escuchaba. Sentía el corazón amargo de tanto tragar lágrimas. «Si las dejara sueltas, serían como lluvia», pensaba.

Saliendo de la estación para buscar el coche, la voz del tío Pop convirtió de repente mi tristeza en asombro:

—Si tú quieres, puedes ir delante con Francisco, el cochero. A lo mejor te gusta conducir durante un trecho llano.

Lo miré como quien ve un fantasma a las doce del mediodía. ¿Habría entendido mal o estaría el tío Pop completamente loco?

Observando mis ojos, al tío Pop se le escapó la risa:

—¡Pero, Teresa, hija! ¿Creías que era un coche como todos los coches?

Aún lo entendía menos y me asustaba más. ¿En qué clase de trasto de antes del diluvio pensaría meterme? Si no era como todos, seguramente sería un coche viejísimo.

Pero qué tonta fui. ¡Allí estaba el coche del tío Pop!: descubierto, ligero y ¡tan bonito!;

pintado de negro y rojo, conteniendo entre varas gemelas las cuatro mulillas que esperaban inquietas e impacientes. Cascabeles de bronce adornaban sus pechos y alegraban la tarde. ¡Un coche de caballos! ¿Cómo no lo pensé, si estábamos en campos andaluces?

Aquella fue la primera sorpresa; después vinieron otras.

El tío Pop sonrió.

—¿Quieres montar delante, Teresa?

Me moría de ganas. Sin embargo, negué con la cabeza.

Me lo había prometido a mí misma: «Voy a ser como un mueble. No me verán llorar ni me verán reír. Y no pienso jugar, ni ayudar en la casa, ni salir de paseo... Hablaré solo lo que sea preciso y comeré muy poco, o no comeré nada; ya veré hasta dónde resisto. Mis padres me llevan de un lado para otro, me guste o no me guste, lo mismo que si fuera una cosa. Pues seré una cosa...».

El tío Pop insistía:

—¿De verdad que no quieres llevar las mulillas? Es muy fácil, Teresa.

Yo volví a negarme. No dije una palabra y me senté detrás, derecha y estirada, con la mirada alta.

Claras voces de mando se oyeron en la tarde:

—¡Riá, riá, Campanera! ¡Riá, riá, Capitana! ¡Aligera los pasos, Violeta! ¡Y tú no vayas por delante, Margarita...! ¡Riá, riá, deprisita y a casa! ¡Deprisita y a casa...!

En el aire flotaba un repique de cascos presurosos y la alegría menuda de muchas campanillas.

Dejamos el pueblo a nuestra espalda y después seguimos un camino orillado de viñas y olivares.

La tarde ya caía. Por detrás de las montañas, el sol se iba ocultando. Los cielos eran rojos; los montes, violeta.

El tío Pop seguía animando a las mulillas:

—¡Riá, riá, Capitana; riá, riá, Campanera...!

Y yo detrás, sin atender a nada, diciéndome, sin que fuera verdad, que todo era tan triste y tan oscuro como lo había pensado.

Y de pronto la vi, al doblar un recodo, saltándome a los ojos, allá sobre la loma. Y la miré como quien ve visiones: era una casa grande, cuadrada y alta, con una torre en uno de sus lados. Hubiera sido una casa igual que cualquier otra, si no fuera por el tejado extraño que cubría la torre: ¡era completamente blanco!, en la distancia, extrañamente blanco. Lo miré con fijeza, tratando de entender. Parecía suave y esponjoso. ¿De qué estaría cubierto? Quizás fuera algodón, o quizás fuera nieve, como si julio se hubiera vuelto invierno riguroso. ¡Nieve de julio! Me parecía imposible.

Aquella fue la segunda sorpresa. La siguiente estaba ya esperándome.

El tío Pop me miró unos instantes y señaló la loma:

—Ahí tienes la casa, Teresa.

En sus ojos había apuntada una cierta sonrisa que parecía burlona. Yo la entendí muy bien.

«Si quieres saber de ese tejado blanco, pregúntame», decía.

Yo quería saber, pero no pregunté.

Él no me dijo nada y yo seguí haciéndome preguntas en silencio.

Nos fuimos acercando. Las mulillas, presintiendo descanso y alimento, alegraron el paso. «¡Ya llegamos, ya llegamos!», parecían decir cascos y campanillas.

Lo que vi un momento después hizo que me olvidara de cualquier otra cosa. Mis ojos se abrieron con mirada de búho: ¡la torre se movía! ¡El tejado se iba por los aires...! No podía ser cierto. ¿Es que yo estaba loca? Sin embargo, fue tan solo un instante; lo comprendí enseguida, y me olvidé de golpe de enfados y tristezas: ¡palomas!, eran palomas; cien, doscientas... o muchas más, todas completamente blancas. Levantaron el vuelo al mismo tiempo y la nieve de julio se derritió en el aire.

Esta vez sonreía a la vez que el tío Pop. ¡Qué hermosa me pareció la tarde envuelta en alas blancas, suavemente doradas por el sol que caía!

Cuando nos detuvimos, mis ojos aún seguían prendidos de lo alto. Ya estábamos en casa, cesó el cascabeleo y de pronto la nube de palomas cambió su sentido y se nos vino encima. Había palomas en todos los lugares: en el coche, sobre las cuatro mulas y sobre nuestros cuerpos; palomas en los brazos, palomas en la espalda, palomas en el pelo... No salía de mi asombro, y estaba a dos pasos del gozo y a dos pasos del miedo.

El tío Pop, mirándome, reía, él también cubierto de palomas. Tenía los ojos brillantes y burlones del niño que disfruta de alguna travesura. Para bajar del coche, arrojó hacia lo alto un puñado de arvejas y entonces fue la tierra la que se volvió blanca. El tío Pop se buscó en los bolsillos.

—¡Toma, Teresa, toma arvejas, si las quieres!

¡Claro que las quería!

—¡Comed, comed, palomas! –grité, echándolas al aire.

¡Qué revuelo de alas..., qué picos tan ansiosos...!

Las palomas volvían a pedir más arvejas. Algunas comían en el suelo, pero a otras les gustaba comer en nuestras manos.

—No te asustes, Teresa, ya están acostumbradas. No te harán ningún daño, quizás algún rasguño –me decía el tío Pop.

Yo ya no me asustaba. Tenía cinco, diez, hasta quince palomas pendientes de mis manos. Si se las alargaba, ellas venían a mí, y cuando quería quitármelas de encima, arrojaba arvejas a lo alto.

El tío Pop y yo reíamos como viejos amigos. El enfado se me fue por los aires; quizás, sin darme cuenta, lo había echado hacia lo alto mezclado con arvejas.

De pronto escuchamos el sonido de bronce de una antigua campana. Los vuelos se asustaron y cesaron las risas.

Las palomas volvieron al tejado y el tío Pop se inquietó mirando hacia la casa:

—¡Dios mío, ya es la hora de cenar! Se me fue el santo al cielo y olvidé por completo saludar a tía Luisa. Ahora estará enfadada –murmuró compungido.

Al lado de la puerta esperaba tía Luisa, alta y solemne, mirándonos como una reina ofendida. A sus pies movía el rabo, alegremente mansa, Susana, una perra ya vieja, también blanca, que, echada en el umbral, no quería levantarse por no dar un sobresalto a una paloma amiga que tenía un ala rota y, que, al no poder volar, buscaba refugio entre sus patas.

2

El labrador que dijo ser caballero

CUANDO acabó la cena nos salimos al patio, «a respirar aires de luna clara», según dijo tío Pop.

Nos sentamos debajo de un nogal que rozaba el tejado con sus ramas.

—Este árbol protege nuestra casa. Lo plantó mi abuelo Zacarías. Es el árbol de toda la familia –añadió el tío Pop.

El patio olía a jazmines y a dondiego de noche; el silencio era tanto y tan intenso que casi se sentía; muy cerca del nogal un pozo rezumaba frescuras de agua honda.

Durante unos minutos estuvimos callados. Yo estaba disfrutando de un sosiego que nunca había sentido: el pozo, los jazmines, los aires de la luna...

Levanté la vista hacia lo alto. En la torre aún se oían arrullos de palomas.

El tío Pop advirtió mi mirada:

—¿Tú conoces la historia de esta casa? –me preguntó de pronto.

Yo negué con un gesto.

—No es extraño. Cuando murió tu abuela, todavía eras chiquita; y tu padre, ya sabes, está tan ocupado... Quizás ni la recuerde.

—Son cosas muy antiguas; ¿qué pueden importarle a una chica de ahora? –interrumpió tía Luisa.

—Mujer, son cosas de familia. Además, es una bella historia.

—Entonces me retiro. ¡Me duelen los oídos de haberla escuchado tantas veces! –exclamó levantándose.

Me alegró que se fuera. Allí iba, atravesando el patio, tan alta, tan digna, tan derecha...

El tío Pop la siguió con la mirada. No sé qué cosas pensaría, pero yo nuevamente pensé que parecía una reina, y también pensé que no me gustaban las reinas orgullosas.

Por fin entró en la casa y el tío Pop empezó con su historia. No había pronunciado más de veinte palabras cuando yo había olvidado ya todas las otras cosas. Sus labios eran mágicos: los años corrían hacia atrás y las personas de las que él me hablaba las veía delante de mis ojos. Todavía recuerdo sus palabras, una a una:

—Mi abuelo Zacarías era un labrador modesto, que se ganaba la vida trabajando un campo pequeño de cereales y otro aún más pequeño de hortalizas. Sin embargo, como no tenía familia y era hombre que se conformaba con poco, poseía lo suficiente para vivir contento y sin apuros. Cuando, una vez a la semana, marchaba con el burrillo cargado a la ciudad más próxima para vender los frutos de sus tierras, iba más contento que unas pascuas. A la vuelta regresaba como unas castañuelas, con el serón del burro vacío y los bolsillos llenos.

»Además de este burro, con el que iba y venía y al que, una vez en casa, uncía en el arado, tenía otro borriquillo que daba vueltas a la noria cuando era necesario sacar agua del pozo para regar el huerto. También era dueño de una cabra ceniza, de una casa blanca con un palomar sobre el tejado y de las ocho palomas que anidaban en él.

»Esto era cuanto tenía en el mundo. Y no andaba quejándose por lo que pudiera faltarle, sino que estaba satisfecho con lo que poseía. Y aun se alegraba con anticipación por lo que algún día pudiera llegar a poseer. Y así vivía en paz y gracia de Dios. Pero una noche, sin que él lo buscara, se enredaron las cosas.

»Había en la plaza del mercado un mesón con buenos vinos, en el que Zacarías solía tomar algunas copas.

»Una tarde, cuando salía de él, al pasar junto a una casa próxima, que siempre se le había figurado palacio por su enorme tamaño, se entreabrió una de las ventanas y acertó a ver, aunque sólo un momento, un rostro de mujer tan hermoso, que a punto estuvo de caerse del burro y dar con sus huesos en el suelo.

Quedó de tal forma impresionado que se dijo que había de verla otra vez. De manera que cogió la guitarra, que siempre tenía a mano, y cantó para ella al menos cinco coplas.

»Cuando al fin la joven se asomó a la ventana, mi abuelo Zacarías se dijo que aquello que sentía mirándola era amor, y amor del verdadero.

»En un principio no se le ocurría cosa alguna que pudiera decirle, pues se había quedado mudo y como embebido en su belleza. Pero pensando que mujer tan hermosa y, por lo que se veía, criada entre buenos pañales, no había de quererlo si mostraba ser palurdo, y como los vapores del vino le ayudaban a soltar la lengua, habló luego tanto y de tales cosas que no tardó mucho en arrepentirse de ellas. Dijo que sus tierras eran muchas y tan extensas que, en tiempo de cosecha, debía tomar segadores y mozos de otros lugares; que en marzo, con los árboles florecidos, parecía su huerto un mar de nieve; que había tantas palomas en su palomar que, aunque el tejado en el que se alzaba tenía las tejas rojas, en la distancia parecía tenerlas blancas; y que su casa, que estaba sobre un altozano

dominándolo todo, era tan grande que cinco criadas no daban abasto para tenerla limpia... Y dijo también que su caballo era tan fogoso que había de perdonarle un momento, porque lo tenía amarrado a la vuelta y estaba con temor de que fuera a quebrar los arreos; que volvería enseguida y que, por Dios, no se retirara de la ventana.

»Llegándose a donde estaba el burro, lo apartó un trecho, temiendo que fuera a rebuznar y a delatarlo.

»—Mantén la boca cerrada, porque si me descubres, luego te mido el cuerpo a palos; pero si no lo haces, te tengo que doblar el pienso. Calla y recuerda que aquí no eres asno, sino caballo, del mismo modo que soy yo caballero –le advirtió, atándolo a una reja.

»El borrico debió de decirse que, por lo mucho que le convenía, de ninguna manera tenía que abrir la boca y que, si lo hacía, sería porque hubiera aprendido a relinchar.

»Así transcurrieron varias horas, el labrador hablando, la joven escuchando y el borrico callando. Hasta que, ya muy entrada la noche, se retiró Zacarías de la ventana, después de prometer a Inés, que este era el nombre de la joven, que había de volver al día siguiente, al siguiente del siguiente y todos los demás.

»Solo cuando se apagó el rumor de los cascos del burrillo, que ella creía caballo, cerró la joven su ventana y, bajando del taburete en el que estaba subida para aumentar su corta estatura, se fue a descansar.

»Esperando el sueño, pensaba que nunca había conocido a alguien de conversación tan fácil y entretenida, además de tan sencillo, amable y, al mismo tiempo, tan rico como parecía ser. Aunque esto último solo le producía pesar, pues, siendo tan menuda de cuerpo que no era más alta que una niña de diez u once años, si él la viera a la luz del día y fuera de la ventana, tenía la certeza de que marcharía con sus coplas a otra parte, pues jóvenes hermosas y con bienes de fortuna no debían de faltarle, mientras que ella, además de ser pequeña, no poseía más que aquella casa que, aunque por fuera mantenía el porte noble, por dentro ya se caía de vieja.

»Él, por su parte, marchó enamorado y contento, porque le estaba pareciendo que la joven también lo miraba con el mismo agrado. Pero en cuanto comenzó a respirar los aires del campo, se mudó su alegría en tristeza.

»Pensó que ya no podía volver atrás de tanta mentira y que cómo iba labrador de dos fanegas de tierra a enamorar a mujer tan bella y de tan rica casa. Mejor hubiera sido para él no conocerla, o que no fuera tan hermosa; porque ahora sabía que, si la amaba, no era solo por su belleza, sino también por su dulzura y prudencia y por un algo extraño que, sin sentir, se le había metido en el alma. Pero que, de todas formas, era cosa absurda y vana volver a verla.

»Pasó toda aquella noche sin pegar ojo, lamentando tanto ser pobre como haber dicho ser rico. El día siguiente lo pasó entero luchando consigo mismo por el deseo que tenía de marchar a la ciudad y pararse ante las rejas de aquella a quien no podía apartar de su pensamiento.

»Así cayó el sol sobre sus cavilaciones. Pero, con las sombras de la atardecida, sintió una desazón tan grande que, olvidando toda prudencia, aparejó el burro y, con muchas prisas, tomó el camino que cien veces se había jurado no tomar.

»Y aquella noche creció de tal forma su amor que, desde entonces en adelante, le fue tan necesario como el agua, o el aire, o como las dos cosas juntas.

»Pero crecieron del mismo modo sus mentiras, porque, no atreviéndose a volver atrás de sus fingidas grandezas, las aumentó mucho más, pensando que de esta forma sería más amado.

»Y esto se repetía una noche tras otra, y así estaba Zacarías sin sosiego, cavilando la manera de salir de aquel embrollo sin perder el amor, del mismo modo que estaba Inés angustiada, pensando la manera de descubrirle lo menguado de su tamaño sin que por ello dejara él de amarla.

»Pero, corriendo el tiempo, las cosas no vinieron a mejorar, sino que, por el contrario, empeoraron, al menos para mi abuelo y sus borricos. Sucedió que el primero de ellos, de tanto ir y venir a la ciudad llevando y trayendo caballero, debió de creer que era caballo y comenzó a holgazanear, de forma que no quería marchar ante el arado, ni tampoco ir al mercado con el serón lleno de hortalizas.

»Un día que su amo lo había castigado más que de costumbre, tiró serón y carga en medio del camino y se fue por esos mundos de Dios, sin que Zacarías volviera a verlo nunca.

»A partir de entonces, la suerte del segundo borrico se volvió tan negra y dura que, de haber tenido determinación, hubiera escapado también. Porque, además de dar vueltas a la noria, tenía que labrar los campos, llevar al amo a la ciudad y, los días de mercado, cargar también con el serón.

»Todo lo hacía sin rechistar, y por más que se oyera llamar caballo, no llegaba a creérselo, que de burro tenía la condición y las orejas. Así, trabajaba de la mañana a la noche en silencio; y por callar, el amo, creyéndolo contento, lo apretaba aún más.

»Poco a poco, el desgraciado borrico fue gastando su vida, hasta que al fin un día la consumió del todo trabajando, de la misma manera que se consume, alumbrando, la cera de una vela.

»De modo que Zacarías se quedó sin un burro y sin otro, y tuvo que labrar los campos con la azada y también dar vueltas alrededor de la noria, haciendo él solo los oficios de un labrador y dos burros.

»De esta manera no tenía ánimos ni horas para llegar a la ventana de quien de veras lo quería y lo esperaba impaciente noche tras noche. Y aunque se consumía deseando verla, se decía que si ella no había de querer a quien no tenía caballo, menos querría a quien ni siquiera tenía borrico.

»Mientras tanto, Inés se angustiaba haciendo cábalas sobre la causa de su ausencia: "¿Habrá marchado de viaje? ¿Será que el mucho trabajo lo tiene ocupado? O ¿no será que de algún modo haya venido a saber que no tengo hermosa sino la cara? Pero ¿y si está enfermo o se halla herido…?"

»Y así estuvo varios días cavilando impaciente, hasta que una mañana, no pudiendo resistir la inquietud que la oprimía, haciéndose de tripas corazón, salió en su busca.

»Marchaba camino adelante, hablando consigo misma de sus muchos temores. A medida que avanzaba, estos iban en aumento, y lo que más pesaba sobre su ánimo eran aquellas riquezas de las que era dueño, según ella creía, el hombre que tanto amaba. Porque las tierras que se perdían de vista a un lado y otro del sendero debían de ser las suyas, y aquellas arboledas florecidas, que a lo lejos parecían un mar de nieve, también debían de serlo. ¡Cuántas riquezas tenía su labrador! Demasiadas le estaban pareciendo a quien lo hubiera querido lo mismo sin ninguna. ¡Tentaciones le venían de desandar lo andado!

»Lo que aún no veía era la casa. Le había dicho que se levantaba sobre un altozano y que, aunque las tejas de la cubierta eran rojas, esta parecía blanca por las muchas palomas que acudían a posarse sobre ella. Desde el lugar en el que se hallaba no veía otra casa que una pequeña, reluciente de cal; había palomas sobre el tejado, pero no serían más de siete u ocho. Seguramente allí sabrían darle razón de Zacarías.

»Llegando hasta la casa, encontró a su labrador, cansado y entristecido, dando vueltas alrededor de la noria. Y fue tan grande su asombro como lo fue el de mi abuelo al verla delante de sus ojos.

»Durante algún tiempo no pudieron pronunciar una sola palabra. Pero, repuestos ya de la sorpresa, y después de darse cuantas explicaciones fueron necesarias, él dijo que tanto le daba mujer doble como mujer media; y ella dijo que, siendo Zacarías, tanto le daba labrador pobre como caballero rico. Mi abuelo añadió entonces que lo pensara bien, porque ni burro tenía ya.

»Pero Inés, al mismo tiempo que se uncía a su lado, añadió que también ella era pobre, pues no había heredado de sus padres sino aquella casona que se caía a pedazos; pero que, de todas formas, creía poder obtener con su venta lo necesario para comprar un burro y quizás dos.

»Y así pasaron el resto de la tarde, uncidos a la noria, dando vueltas apenas sin sentirlo y hablando de sus cosas.

»Se casaron pocos meses más tarde.

»Al cabo de tres años, además de la cabra y dos borricos, de los que uno era burra, tenían también dos hijos, el tejado blanco de palomas y la esperanza puesta en el huerto de naranjos que lindaba con sus tierras.

»Uno de aquellos hijos murió siendo muchacho en una mala guerra, como suelen serlo todas.

»El otro fue mi padre, que trabajó muy duro, acrecentó las tierras y añadió una torre a la casa, porque tuvo dos hijos y una hija, y quería que vivieran cómodos y contentos. La hija fue tu abuela. Yo fui el mayor de los dos hijos. Y el menor... –sentí que la voz del tío Pop se volvía triste y honda–, y el menor tenía el alma inquieta y se fue por el mundo adelante. Era mi hermano Andrés.

Lo miré sorprendida, pues yo nada sabía de aquel tío viajero; pero él no añadió más y el silencio cayó sobre nosotros.

3

El secreto del tío Pop

DORMÍ arriba, en la torre, en el cuarto en que dormía mi abuela cuando aún era niña. Pegado a la ventana había un viejo taburete.

—Es aquel que tuvo tanta parte en la historia de Inés y Zacarías –susurró el tío Pop, pasándole la mano por encima, como en una caricia–. A tu abuela, cuando era chiquita, le gustaba subirse a él, para así ver los campos a lo lejos, y arriba, en el tejado, mirar las palomas cuando hacían la rueda o se daban los picos, como si se besaran.

Fue mi primera noche, y no fue de tristezas como había creído, pues me dormí pensando en mis tatarabuelos, Zacarías e Inés, dando vueltas uncidos a la noria mientras iban hablando de sus cosas y soñando con campos florecidos.

Me despertaron arrullos de palomas.

Cuando abrí la ventana, me subí al taburete y las vi blanqueando el tejado. Después también miré a lo lejos, como hacía mi abuela.

Estaba amaneciendo y entre los naranjales empezaban a alzarse las brumas de la noche. El sol asomaba su cara redonda y sonrosada por detrás de los árboles. Olí a hierba húmeda y los campos aún parecían dormidos. Sin embargo, a ambos lados del patio comenzaban a oírse rumores de corrales y cuadras.

Después se pasó la mañana y apenas me di cuenta. No me aburrí un solo momento. El tío Pop me lo enseñaba todo: las cuadras, los corrales, los naranjos, las viñas, los olivos, la vieja noria que ahora estaba siempre quieta. Mostrándome sus tierras, disfrutaba como si fuera un niño enseñando sus mejores juguetes. Su vida eran sus campos; no hacían falta palabras: la alegría de sus ojos lo iba pregonando.

Iba de un lado a otro y nunca se cansaba. Sin embargo, tía Luisa y Juana, la cocinera, le daban mil consejos:

—Pop, no te alejes mucho, que luego te fatigas; no te olvides de los años que tienes.

—Piense en su corazón, don José, que ya no tiene usted edad para esos trotes...

—Ya ves, Teresa, hija...; no me dejan vivir a fuerza de cuidados –me decía el tío Pop, sonriendo.

Yo ya había advertido que el tío Pop sonreía casi siempre. «Lo fastidian durante todo el tiempo y él todavía sonríe. No lo puedo entender», me decía a mí misma. «Hace lo que tía Luisa quiere y nunca se rebela; la obedece como un niño pequeño».

Sin embargo, aquella misma tarde descubrí su secreto y también sonreí, o mucho más que eso, porque reí por dentro con grandes carcajadas.

Fue pasado el almuerzo:

—Después de la comida el calor nos aplasta. La siesta es necesaria, por eso hasta las seis en esta casa no se oye una mosca –me advirtió la tía Luisa–. Juana y yo preferimos echarnos en nuestros dormitorios. A tu tío le gusta dormir en una hamaca, debajo del nogal; dice que allí el aire es más fresco. Él sabrá, tiene tantas manías… En fin, Teresa, tú haces lo que quieras, pero siempre en silencio. Y no salgas de casa, que el calor te podría hacer daño.

Yo subí a mi cuarto, sin saber si leer o dormir. Mientras lo pensaba, me asomé a la ventana. Allá abajo, en el patio, dormitaba el tío Pop, o pensé que dormía, porque de pronto se alzó muy lentamente y miró con sigilo de un lado para otro, como quien tiene miedo de que alguien lo vea.

Seguí sus movimientos con asombro primero, y después me extrañé tanto que apenas entendí aquello que veía. Pero ¿qué hacía el tío Pop? ¡Cogía una vara larga y le ponía el sombrero! Parecía que jugaba a los espantapájaros. Luego tendía en la hamaca sombrero y palo, igual que si durmiera. Después aún fue más extraño, porque tomó el bastón y lo dejó apoyado al lado de ambas cosas. ¿Cuál era su intención? ¿Sería que se aburría y hacía cosas absurdas? ¿O es que era sonámbulo?

Pensé mil tonterías. Sin embargo, todo era distinto y mucho más sencillo: ¡el tío Pop se escapaba! Si alguien miraba desde alguna ventana, pensaría que aún seguía en la hamaca, dormido e inocente, con el sombrero puesto y el bastón en la mano...

Yo lo estaba mirando, oculta entre visillos. Nuevamente miró de un lado para otro y comenzó a moverse, primero muy despacio, andando de puntillas, suave y lentamente, con pasos de algodón; después se apresuró y, por fin, corrió con carrera de liebre...

Susana, aquella perra vieja que pasó todo el día echada en el umbral, también se alzó deprisa, sacudió su vejez y se fue detrás del tío Pop, ligerita y contenta.

¿Adónde irían los dos, cruzando naranjales? Avanzaban con miedo, volviéndose, mirando a todas partes; después seguían la marcha, procurando ocultarse por detrás de los árboles.

No pude resistir tanta curiosidad y bajé como un mono, a punto de romperme la cabeza a causa de las prisas, por aquella glicinia que llegaba al tejado, rozando mi ventana. Iba de una rama a otra, temiendo perder el equilibrio o hacer algún ruido; no quería imaginar los ojos de tía Luisa si al fin me descubriera. Fue como una odisea, pero llegué hasta el suelo sin alertar a nadie.

Después corrí detrás de los que huían, mirando a todas partes igual que hicieron ellos.

¡Qué emoción y qué miedo! Éramos como tres fugitivos que habían quebrado el sagrado descanso de la siesta. ¡Si tía Luisa supiera…! Tengo que confesarlo: me gustaba engañarla. Pero más me gustaba que el tío Pop se atreviera a hacerlo; él, que siempre bajaba la cabeza y sonreía cuando ella le iba con mandatos.

El calor derretía las piedras, envolvía los cuerpos por fuera y luego se metía por dentro como si se los bebiera. Hasta el silencio parecía pesar. Las palomas se arrullaban bajito, quizás por no tener más fuerzas; no se oían ni mulas ni gallinas. ¡Qué sopor en la granja! Solamente, a lo lejos, las cigarras reían o se quejaban, ¿quién podría saberlo?, cantando al mediodía.

Susana se pegaba a los pies del tío Pop, marchando lo mismo que él marchaba, con prisas y sigilo.

Yo seguía sus pasos temiendo doblemente, porque debía ocultarme de aquellos que iban por delante, el tío Pop y la perra, y de aquellos que pudieran venirme por detrás.

«¿Adónde iría el tío Pop?», me iba preguntando a cada paso. Y pensaba en mil cosas absurdas. Tendría que ser algo importante, porque el campo quemaba a aquellas horas: ¿quizás alguien que le hiciera chantaje?, ¿la búsqueda de un tesoro?, ¿alguna otra mujer?, ¿un hijo que tuviera en secreto?, ¿o quizás se escapaba para no volver nunca?

De todos modos, yo estaba corriendo una aventura: los pasos sigilosos, el corazón latiendo como un loco, los sentidos alerta. ¿Con qué iría a encontrarme? ¿Y qué sucedería si me viera el tío Pop? ¿Qué le diría yo? ¿Qué me diría él? ¿Y si fuera tía Luisa...?

La tía Luisa tenía ojos de juez y yo no quería enfrentarme con ellos. El tío Pop tampoco lo quería. No obstante, eso no llegaba a entenderlo. Lo mío era distinto, era solo una niña y además acababa de llegar a su casa. El tío, sin embargo... ¿Por qué no dejaba las sonrisas a un lado, la miraba de frente y le decía «ya basta»? Si yo fuera mayor, ya vería tía Luisa...; haría a cada instante lo que me viniera en gana.

—Ya verías, tía Luisa, ya verías –murmuré en voz alta.

Y de pronto algo crujió a mi espalda. ¡Dios mío! Se me helaron los pasos, aunque el suelo quemaba. Me agazapé al lado de un naranjo y esperé estremecida. «Ya vienen, ya me encuentran, me preguntan y luego descubren a tío Pop», pensaba, con el miedo recorriéndome el cuerpo.

Pero nada se oía; empecé a respirar y de nuevo sentí un crujir de hojas en el suelo y enseguida un cacareo de júbilo. ¡Qué alivio! Era sólo una gallina que habría salido en busca de aventuras, lo mismo que nosotros.

Pasados los naranjos, el tío Pop y la perra marcharon entre olivos. Parecían más tranquilos. Yo los seguía de lejos. ¡Qué estruendo de cigarras entre los olivares! ¡Cómo ardía la tierra! Después cruzaron por medio de campos en barbecho que apenas tenían árboles. ¡Qué calor se sentía! ¡El sol dejaba caer fuego! ¡Ay, si tía Luisa descubriera al tío Pop en aquellos lugares, y además marchando sin sombrero...!

Como había pocos árboles, apenas podíamos ocultarnos. ¿Y si el tío se volvía? Pensé que no debía seguirlo, que debía regresar, pero no pude hacerlo; me empujaba los pasos el deseo de saber el secreto que guardaba tío Pop.

Poco a poco los prados verdeaban y una hilera de chopos anunció la presencia de un río. El tío Pop y Susana alargaron sus pasos. Parecían impacientes. La perra saltaba de alegría. Me oculté entre los árboles. El tío Pop también parecía estar contento; ya marchaba seguro y sin temores; hasta lo oía silbar. Cogió un tallo de junco y comenzó a agitarlo; en el aire, formaba mil figuras, todas de color verde.

Entendí que ya estaban llegando al final de su meta y también comprendí que el secreto que guardaba el tío Pop era un secreto alegre. ¿Qué sería? Estaba consumida de impaciencia. «¡Más deprisa, tío Pop, más deprisa!», le decía por dentro.

¡Y qué sencillo era el secreto que guardaba mi tío!, ¡qué sencillo y qué hermoso! De pronto, el silencio dormido de los prados del río despertó con relinchos de júbilo. Escuché sorprendida: ¡un caballo! Y enseguida un repique de cascos acercándose.

El caballo era negro y brillante, y corría al encuentro del amo con alegría de potro. Y cuando se encontraron parecían los dos, caballo y hombre, ser una sola estampa; estaban alegremente unidos. El tío Pop acariciaba la frente del caballo, diciéndole palabras que yo no podía oír. El caballo movía la cabeza como si comprendiera y luego la apoyaba mansamente sobre el hombro querido de su dueño. Mientras tanto, Susana descansaba del calor y de la caminata. Estaba satisfecha. No había que pensar demasiado, se podía comprender tan solo con mirarlos: ¡los tres eran viejos amigos!

Lo demás lo entendí en un momento. El tío Pop acudía a su cita, con el calor cayendo, porque no había otra hora. Los prados estaban muy lejanos y tía Luisa no le hubiera dejado llegar nunca hasta ellos.

Recordé sus palabras: «No te alejes, Pop, que tu corazón ya no tiene mucha cuerda..., que son muchos tus años, no vayas a cansarte». Mientras dormía tía Luisa, la siesta y el calor le dejaban ser libre; el tío Pop no tenía otro momento.

Los miré nuevamente. Daba alegría verlos. ¡Si tía Luisa supiera...!

Pensé que aquel sería el único secreto, pero me equivocaba. Otra vez el tío Pop hacía cosas extrañas. Se me estaba acercando. ¿Me habría descubierto? Yo casi no respiraba... ¿Por qué le habría seguido?

De pronto se detuvo y buscó entre los juncos. No vi bien lo que hacía. Luego los pasos se fueron alejando. Atisbé entre los chopos: el caballo parecía impaciente. Al tío Pop lo veía de espaldas, pero me pareció que transportaba algo. ¿Con qué iba cargado? Esperé conteniendo el aliento: en el suelo quedaron arreos de caballo y una silla de viejo cuero negro. Ahora lo entendía.

El tío Pop aparejó al caballo con las mismas prisas que tendría un muchacho. La perra se levantó de nuevo y ladró hacia lo alto, con ladridos gozosos.

¡Y comenzó el paseo! Primero despacito, con los cascos tranquilos, después un trotecito corto y por fin a galope tendido. Susana los seguía con saltos de cachorro.

Fue un paseo muy corto, que los tres eran viejos y se cansaban pronto. Sin embargo, los tres iban contentos. Fue también un paseo de alegrías.

Después bajaron juntos a la orilla del río. El tío Pop lavó el sudor del caballo y lo secó con frazadas de heno. Luego comenzó a despedirse otra vez con caricias.

Y yo me volví a casa, acechando asustada el rumor de unos pasos o el quebrar de las ramas. Ya conocía el secreto de tío Pop y no quería que nadie llegara a descubrirlo por mi causa.

En la casa todo seguía tranquilo; solamente se oía mi corazón latiendo como un loco. Trepé por la glicinia, preparando una excusa por si me descubrían. Pero nadie me vio.

¡Qué alivio cuando salté a mi cuarto! Descansé unos minutos y después, nuevamente oculta entre visillos, miré por la ventana. Cruzando naranjales vi llegar al tío Pop. Se acercaba con pasos asustados, acechando la casa, el patio, los corrales. Pero no ocurrió nada.

Tío Pop volvió a su hamaca y Susana fue a echarse al lado de la puerta.

No pasó mucho tiempo cuando escuché a tía Luisa murmurar en el patio:

—Vamos, Pop, que ya es hora; despierta, que tampoco conviene una siesta tan larga.

Bajé a todo correr.

Con los ojos aún medio cerrados, como si el sueño no le dejara abrirlos, el tío Pop sonreía.

—Pero, Pop, te duermes como un tronco, lo mismo que Susana. ¡Qué perra!, no se mueve aunque caiga una bomba –protestaba tía Luisa–. Ya ves, Teresa, han dormido tres horas y aún no se despiertan.

El tío Pop, quitándose el sombrero, comenzó a levantar aire, como si sacudiera el sueño de sus ojos.

Yo, mirando su sonrisa inocente, me reía por dentro.

4

Un secreto compartido

A partir de aquel día esperaba impaciente la hora de la siesta. ¡Qué alivio cuando, al fin, la tía Luisa se encerraba en su cuarto, qué inquietud cuando se entretenía con cosas de la casa! Y luego siempre era lo mismo, y yo siempre sentía una misma emoción: mirar entre visillos, esperar algún tiempo y al fin ver al tío Pop preparando su trampa: la vara, el bastón, el sombrero... Después seguir su huida, conteniendo el aliento y midiendo los pasos; temer que alguien llegara a verlo o que él me viera a mí, y aguantar un calor que quemaba la piel y secaba la boca.

Sin embargo, merecía la pena, porque luego, oculta entre los chopos, olvidaba el calor y el cansancio y me alegraba toda, viéndolos tan contentos.

A la vuelta, otra vez la inquietud: ¿me encontraría con alguien? ¿Seguirían la vara y el sombrero tendidos en la hamaca, fingiendo dulces sueños? ¿Seguiría la tía Luisa todavía dormida? ¡Qué horas de emoción!

Pero sobre todo había un momento que no hubiera cambiado por un morral de oro. Era cuando tía Luisa salía de la casa y se acercaba al patio con pasos decididos:

—¡Despiértate ya, Pop! ¡Vamos, Pop, que no es buena una siesta tan larga!

Y el tío Pop: ¡qué sonrisa de niño soñoliento!

—¡Qué sueño tan pesado! –murmuraba refunfuñando tía Luisa.

¡Ay, qué risa por dentro! A mí me parecía que solo por aquello merecía la pena aguantar todo el día tantas impertinencias y tantos mandamientos: «Ponte el sombrero, Pop. No vayas a alejarte. No me comas de aquello».

Él siempre sonreía y nunca protestaba. «Si supieras, tía Luisa...», pensaba yo, viendo tanta sonrisa.

Pero, ¡ay!, que no hay dicha completa, porque a veces las cosas se nos vuelven en contra cuando menos se espera.

Estaba yo una tarde a punto de salir por la ventana, y de pronto la voz de la tía Luisa clavó mis pies en el alféizar:

—Sube enseguida, Pop; me duele la cabeza de una forma terrible.

¡Dios mío! ¿Qué podía hacer yo?: ¿correr al naranjal?, ¿detener al tío Pop? Pero ya estaba lejos y tardaría en volver.

La tía Luisa lo seguía llamando:

—¿Qué haces que no subes? No encuentro las pastillas.

¿Qué iba a pasar ahora? Al no subir tío Pop, sería tía Luisa la que iría en su busca. No quería pensarlo. Ya veía sus ojos inundados de sorpresa y de ira cuando descubriera el sombrero y la vara descansando en la hamaca. ¡Dios mío, pobre tío Pop, qué nubes de tormenta se le venían encima! «Teresa, haz algo pronto», me decía.

—Pero, Pop, ¿estás sordo? –la voz se oía muy cerca; tía Luisa estaría en la ventana, mirando hacia el nogal.

Ya no pensé más; bajé las escaleras y entré en su habitación como una niña buena, andando de puntillas y hablando suavemente.

—¿Quieres algo, tía…? Es que te oí llamar...

—Ay, Teresa, hija mía, me duele la cabeza como si me la rompieran y tu tío que no sube. O duerme lo mismo que un lirón o está completamente sordo.

—Ya sabes que hace falta un cañón a su lado para que se despierte; además, ahora que tú lo dices, me parece que ya no oye muy bien.

—Puede que sea eso; ya tiene muchos años. Pero ahora lo importante es este dolor mío.

—No te apures, tía Luisa; acuéstate y descansa, que ahora mismo te doy las pastillas.

Encontré las pastillas y calmé a la tía Luisa; pero me entró el temor de que al fin no llegara a dormirse y bajara antes de lo previsto; por eso corrí en busca del tío Pop.

Al pasar por el patio
recogí el bastón y el sombrero.
Al menos, si tía Luisa bajaba,
no advertiría el engaño; después
ya pensaríamos en una buena
excusa. Con ellos en la mano volé
mucho más que corrí, por medio
de naranjos y olivos.

Divisé al tío Pop cruzando pastizales. Ya marchaba tranquilo y sentí en lo más hondo perturbar su alegría. Además, viéndome lo entendería todo. ¿Se enfadaría conmigo? ¿Qué podría decirle?

Oyendo mi carrera se detuvo alarmado. Durante unos segundos permaneció de espaldas. Yo noté la inquietud reflejada en su cuerpo. Sin embargo, cuando se dio la vuelta, me pareció que sentía cierto alivio.

—¡Tío Pop! –le grité todavía desde lejos–. A tía Luisa le duele la cabeza, te llamó y tú no estabas. Ahora ya está tranquila, pero temo que no pueda dormir y baje a buscarte –exclamé corriendo, todavía con el sombrero y el bastón en la mano.

El tío Pop me miró con ojos de vergüenza, como un niño a quien pillan en falta. Yo también estaba avergonzada, y durante unos segundos mantuvimos a la par la mirada en el suelo.

Después el tío Pop cogió el bastón y se puso el sombrero.

—Entonces, ¿tú ya lo sabes todo? –preguntó.

—Perdóname, tío Pop. Te vi cruzar los campos... No pude resistirlo...

Durante unos instantes me miró seriamente. Las piernas me temblaban. Y después sonrió:

—Pues ¿sabes qué te digo?, ¡me alegra que lo sepas! Me pesa este secreto. Alivia compartir pesos con los amigos, y tú eres mi amiga, ¿verdad, Teresa?

Respiré desde lo más profundo: ¡pues claro que lo era!

Y así, pasado el primer sobresalto, nos volvimos a casa en amor y compaña, pensando alguna excusa con que desbaratar las iras de tía Luisa, si al fin llegaba a descubrirnos.

Pero no ocurrió nada, porque al llegar a casa todo estaba tranquilo y en silencio. El tío Pop hizo que se dormía, con el sombrero puesto y el bastón a su lado. Y yo volví a mi cuarto por la glicinia arriba, rápida y silenciosa como una largartija.

A partir de aquel día nos escapamos juntos, y juntos compartimos la emoción de la huida y el temor del encuentro. Sabíamos los dos el riesgo que corríamos. Sin embargo, no había otro remedio.

—Teresa, Zafiro no es solo mi caballo, además es mi amigo –me explicaba el tío Pop–, el compañero fiel que ha envejecido conmigo. Durante muchos años, hiciera bueno o malo, lo monté cada día. Su oficio era llevarme y lo cumplía contento. Nunca tiró del coche y no aceptó otro yugo que no fuera mi cuerpo, porque yo lo domé a fuerza de cariño. Mi mano era su guía, mi palabra su norte. ¿Lo entiendes, hija?

¡Claro que lo entendía!

—Y ahora tía Luisa no quiere que lo monte: que si puedo caerme, que si ya estoy muy torpe, que el corazón se cansa... ¡Tonterías! Yo ya sé que soy viejo, pero me siento fuerte. Me canso lo que debo cansarme; son cosas de los años. Sin embargo, si los dejas, los años te aplastan. Ya llegará la muerte cuando sea su hora..., yo prefiero morirme mientras ando, que esperar sentado a que la muerte venga. ¡Que se esfuerce en buscarme! ¡No quiero que me encuentre descansando!

»Pero tu tía, ya ves, no me deja vivir a fuerza de cuidados. Yo la quiero, Teresa, y por eso no me gusta ni darle sobresaltos, ni estar siempre enfadado, así que sonrío aunque no tenga ganas. Sin embargo, con esto de Zafiro no puedo darle gusto, y me escapo como si fuera un niño. Ya ves, no sería necesario; tú lo sabes: si apenas nos cansamos, si montamos tan solo unos pocos minutos; pero somos felices. Además, él nunca me falló, y ahora yo no puedo fallarle.

»Y es que, si yo no me
bajara a los prados del río,
Zafiro no se sentiría caballo.
Un caballo que no huele
a su amo y no escucha
su voz, no sabe dónde está
ni sabe lo que es... Teresa, hija, los animales no piensan, pero sienten muy hondo.

»En invierno es más fácil; los caballos se quedan en las cuadras y salen en las horas de sol para estirar las patas. Entonces no lo puedo montar, porque en invierno tía Luisa no se echa la siesta. Pero lo limpio, le doy paja, le hablo y él se siente tranquilo. ¿Lo comprendes, Teresa?

Eran cosas que yo nunca había oído, ni las había pensado. Sin embargo, escuchando al tío Pop, empezaba a entenderlas.

En los prados del río, además de Zafiro, había otros caballos: una yegua pía y un potro de dos años, negro y recio; de azabache y acero parecía. Aún no tenía doma y la estaba pidiendo, que se tragaba el aire trotando al lado de la cerca. ¡Era una gloria verlo!

—Es nieto de Zafiro y ha heredado su estampa y su nobleza –me dijo un día tío Pop–. Pero ¿quién va a montarlo? Yo aún lo podría domar, o Francisco, pero lo voy dejando de un día para otro, dando largas al tiempo. Cuando se doma un potro es para darle dueño, y a este tendría que venderlo, Teresa. Sería el único caballo que saliera de mi casa después de haber nacido en ella.

La voz se le quebró y lo observé a hurtadillas. Tenía los ojos tristes, clavados en el potro. Me hizo daño mirarlo.

5

El miedo

VOLVÍAMOS del pueblo. La tarde caía mansamente sobre los campos tranquilos. Yo llevaba las riendas de las mulas y el corazón contento, por nada en especial. Quizás porque el sol parecía una hoguera prendida detrás de las montañas, o porque entre los olivos veía volar perdices. ¡Qué alegres iban también las mulas caminito de casa! Y yo animándolas:

—¡Riá, riá, Campanera; riá, riá, Capitana...!

De pronto Francisco me tomó bruscamente las riendas de la mano y detuvo las mulas en menos de dos palmos. Los cascos levantaron la tierra, hecha pedazos. El corazón también se me quedó parado. ¡Dios mío! Si lo tenía delante, ¿cómo no lo había visto? Aquel hombre, ¿de dónde había salido?

Francisco me dio la explicación:

—Salió por el atajo, de pronto y sin mirar. La culpa ha sido suya.

El hombre apenas se alteró y siguió su camino sin mirarnos siquiera.

—O es muy sordo, o va dentro de sí, pensando en cosas hondas –dijo después Francisco.

—Es un hombre terrible; ¡parece un animal salvaje! –exclamó la tía Luisa, todavía sofocada.

—Es solo un vagabundo –susurró el tío Pop con una voz profunda y seca, que a mí me sonó extraña.

Oyéndolo pensé que hablaba de aquel modo porque estaría asustado, igual que yo lo estaba, pues a punto estuvieron las mulas de arrollar a aquel hombre. Sin embargo, más tarde comprendí que tenía otros motivos.

—Vagabundo, mendigo o ladrón, viene a ser casi igual –añadió la tía Luisa derramando desprecio.

El tío Pop no dijo una palabra, pero vi que se mordía los labios.

Seguimos adelante. El hombre parecía llevar nuestro mismo camino. Llegando otra vez hasta su altura, cogí firmes las riendas.

Ahora marchábamos al paso y tuve tiempo de observarlo despacio. ¿Era ya un hombre viejo? Su barba y su pelo, crecidos, estaban mucho más que entrecanos; sin embargo, de su cuerpo se desprendía fuerza. Muy recio y alto, recordaba a una encina. Vestía de cualquier modo: un sombrero calado hasta los ojos, un pantalón a rayas que le quedaba corto, una camisa con cuadros de colores muy vivos; y, en los pies, unas botas enormes, como «de siete leguas». Eran ropas extrañas y gastadas, pero estaban limpias. A la espalda llevaba un morralillo y, colgando del hombro, una vieja guitarra. Caminaba con la mirada alta, prendida de las nubes, como si en ellas hubiera alguna cosa que solo él veía.

Lo dejamos atrás y no vimos sus ojos ni escuchamos su voz, ni un saludo, ni una sola mirada.

—Veremos si mañana no falta una gallina o quizás algo más –sentenció la tía Luisa–. Y si falta, la culpa será tuya –añadió volviéndose al tío Pop–, porque necesitamos dos perros guardianes en lugar de esa vieja Susana, que no vale siquiera para espantar palomas. Te lo he dicho cien veces; además de vivir en el campo como los desterrados, vivimos sin defensa...

—Mujer, nadie nos robó nunca y nadie va a robarnos. También te lo he explicado; si compramos esos perros de guarda que tú quieres, Susana quizás no lo aceptará. Recuerda que nació en esta casa y la toma por suya. Tendríamos problemas, Luisa, porque pelearían y a la pobre Susana siempre le tocaría llevar la peor parte.

Tía Luisa torció el gesto:

—Tú hablas de Susana lo mismo que si fuera una persona, y solo es una perra, una perra muy vieja... De todas formas, para qué discutir, si eres tozudo como un buey; pero luego no vengas dando excusas, si un día nos dejan con lo puesto.

El tío Pop suspiró y ya no dijo más. Como el silencio empezaba a pesarme, aligeré las mulas. Me sentía oprimida y angustiada. ¿Sería por la extraña presencia de aquel hombre, o por las duras palabras de tía Luisa?

Aquella noche tardé mucho en dormirme y después tuve sueños inquietos: nos robaban en casa, los caballos no estaban en los prados del río...

Sin embargo, llegando la mañana, nada faltó en la granja y nada supimos de aquel hombre. «Seguiría su camino», pensé, y no le di más vueltas.

Pero me equivocaba, pues lo encontré de nuevo aquella misma tarde.

Me había ido, igual que tantas veces, por los campos adentro, paseando yo sola. Y ¿por qué no iba a hacerlo, si nunca hubo peligro? Caminaba sin rumbo, marchando a cualquier parte y llegando allí donde las piernas me quisieran llevar. Aquel día el paseo fue largo. Me detuve a orillas de la sierra, en las faldas de un monte cubierto de encinas y alcornoques.

La tarde estaba fresca y olía a matorral y a hierba nueva y húmeda. Pensé que el olor era verde; ya sé, ya sé que eran solo mis cosas... Entre peñas manchadas con líquenes y musgos reposaban tomillos y romeros. El sonido lejano de un rebaño de ovejas se iba derramando por una loma abajo. Yo me sentía en calma. ¡Qué silencio tan hondo! Pensaba que ni esquilas de ovejas ni gorjeos de pájaros lo podían quebrar.

¡Y lo quebró mi risa! Y fue porque de entre unas jaras salió una perdiz hembra. La seguía su pollada. Los ocho perdigones iban ligeritos y en fila, con las cabezas altas, ¡tan formales! Parecían los niños de alguna escuela antigua, de esas de tiempos de mi abuela, detrás de su maestra.

Después, una carreta se cruzó en mi camino. Ya venía de vuelta. ¡Qué viejos y cansados parecían los bueyes, soportando una carga de leña hasta lo alto! El carretero les hincaba impaciente una vara muy larga, aguijada me había dicho el tío Pop que se llamaba.

—Buenas tardes –me dijo.

Yo no le respondí, pero mis ojos indignados le dijeron:

«Y tú, animal de dos patas, ¿por qué los pegas, cuando marchas sentado y sin esfuerzo? Qué fáciles son las cosas, si son otros los que llevan la carga».

No sé si lo entendió.

Entre una cosa y otra se me echó el tiempo encima, y de pronto advertí que el sol iba cayendo. Tenía que darme prisa, el tío Pop me lo había pedido:

—Teresa, que la primera estrella la veas desde casa.

Tomé un atajo. Era un sendero estrecho, con vallados de piedra en un lado y en otro. No habría recorrido ni un cuarto del camino cuando escuché a mi espalda un extraño rumor de pasos y de voces. Eran voces humanas, desde luego; pero, oídas en medio de campos solitarios, en el hondo silencio de la tarde, parecían aullidos de fiera. Me volví con el miedo asomando a los ojos y lo vi apresurándose por el sendero arriba. Gritaba cosas que yo no comprendía y hacía signos extraños con los brazos en alto. Era aquel vagabundo, mendigo, ladrón o lo que fuera, que nos salió de pronto al paso de las mulas. Parecía tan grande como un oso. ¿Qué podía querer? ¿Quizás una limosna? ¿O querría robarme? Y ¿por qué alzaba los brazos de aquel modo? ¿Decía que me esperara? ¡Que esperara...!

Corrí como un conejo, sintiendo que la sangre se me volvía agua. Mis piernas estaban a punto de quebrarse, como si fueran cañas. Algo me iba subiendo del pecho a la garganta y allí se me quedaba. ¡Corrí, corrí, corrí!, zumbando en mi cabeza, como enjambre de abejas, las mil cosas horribles que podían sucederme si llegaba a alcanzarme. Pero me alcanzaría, ya sentía sus pasos cada vez más cercanos... Y por fin me alcanzó.

Lo tenía delante y me estaba mirando. Yo no podía ni levantar la vista. «¡Dios mío!, y ahora

¿qué irá a hacerme?», pensaba sintiendo que las piernas apenas podían sostenerme.

Y de pronto vi una piedra a mis pies; era afilada y larga, me podría servir. Mi incliné con las prisas que me daba la angustia y no pude cogerla, porque el hombre lo hizo antes que yo. Me quedé sin aliento, se me secó la boca y hasta llegué a creer que el corazón se me había detenido. Y ahora ¿qué iba a sucederme? ¿Qué haría el vagabundo? Vi la piedra volar, tan lejos que no pude saber en qué lugar caía. Entonces lo miré y lo que había en su mano cambió mi terror en asombro. Algo hería mi vista y comprendí de pronto: ¡en su palma extendida brillaba un monedero rojo! Me busqué en los bolsillos y los hallé vacíos. ¡Era mi monedero! Con las prisas se me debió de caer sin que yo lo advirtiera.

Todavía temblorosa, tomé el monedero de aquella mano enorme y quise dar las gracias. No sé si lo logré, pues estaba aturdida y no oí mis palabras.

El hombre me miró unos instantes. Sus ojos eran azules, y no parecían fieros. Después se fue por donde había venido. En los labios llevaba una media sonrisa que me pareció amarga.

Apenas me repuse del miedo y la sorpresa, corrí cuanto me fue posible y estuve de regreso antes de que la primera estrella asomara en el cielo.

No hablé del vagabundo. Sin embargo, no podía olvidarme de su mano extendida y me acosté pensando en sus ojos azules. Me recordaban a alguien, o yo los había visto en alguna otra parte; pero ¿en dónde?

6

La pluma azul del pájaro desconocido

YO solía despertarme muy temprano, casi al amanecer. Cuando me levantaba, me subía al taburete de mi tatarabuela. Primero saludaba a las palomas y luego extendía la vista por los campos. A un lado veía el verde claro y fresco de los naranjos, al otro el verde pardo de las hojas de los olivos. Todavía entre los árboles quedaba algún jirón de noche. Más lejos, los prados aún seguían dormidos.

Mis ojos no se cansaban nunca de ver amanecidas. Sin embargo, el despuntar de un día era tan semejante al despuntar de otro, que parecía el mismo. El sol siempre salía por el mismo lugar, las formas siempre se alargaban con el mismo tamaño y los pájaros iniciaban sus vuelos desde los mismos árboles.

Pero aquella mañana hubo algo distinto: los descubrí de pronto, entre los olivares, charlando como amigos; hasta me parecía que se estaban riendo. Los miré con asombro, empinándome para verlos mejor. Mis ojos no entendían aquello que tenía delante. Quizás me equivocaba; pero, no, no había dudas. Ahora se levantaban; aquel era el tío Pop, y a su lado estaba el hombre extraño que nos salió al paso de las mulas y luego corrió detrás de mí en el monte para darme mi monedero rojo.

Pero ahora ¿qué hacían? ¡Se estrechaban las manos y después se abrazaban! Yo no perdía un solo detalle; durante unos momentos se me ocurrió pensar que aquel hombre podía estar atacando al tío Pop. Sin embargo, era algo distinto. Mirándolos de nuevo, vi que se despedían como buenos amigos.

Durante todo el día el tío Pop estuvo silencioso y extraño. ¿En qué estaría pensando? Sus ojos se quedaban fijos en cualquier parte, pero apenas veían lo que tenían delante. Luego miraban a lo lejos. Me hubiera gustado preguntarle, pero no me atrevía. Mi mente era un remolino de preguntas distintas: ¿quién sería aquel hombre?, ¿por qué causa abrazaba al tío

Pop?, ¿qué hacían tan temprano entre los olivares? Y, ahora, ¿por qué el tío Pop estaba tan callado, y a veces me parecía triste y a veces me parecía alegre? Por más que lo pensaba no podía entenderlo.

Con lo que sucedió luego, aún entendí menos. Ocurrió aquella tarde. Regresando nuevamente del pueblo, volvimos a ver al vagabundo; se apartó del camino y apenas nos miró.

—Pop, te lo digo otra vez: no me gusta nada que ese hombre ande tan cerca de nosotros. ¡Dios sabe qué querrá! –exclamó la tía Luisa.

El tío Pop no despegó los labios.

Mi cabeza parecía una jaula de grillos. Esa misma mañana estaban los dos juntos; rieron, se estrecharon las manos, se abrazaron... Y ahora, ni se miraban. ¿Quién podía entenderlo?

Lo comprendí aquella misma noche. A tía Luisa le dolía la cabeza y se acostó temprano. El tío Pop y yo nos quedamos a solas en el frescor del patio. Él permanecía callado y yo también lo estaba; pero ya no podía contener dentro de mí tanta curiosidad. ¿Cómo podría saber sin hacerle preguntas? De pronto pensé que si yo le contaba lo que me ocurrió en el monte con aquel vagabundo, quizás él también me contaría alguna cosa.

Lo que el tío Pop dijo después de haberme oído fue un hermoso secreto, el segundo secreto que tuvimos a medias:

—Teresa, hija..., con frecuencia las cosas no son como parecen –murmuró con voz extrañamente honda–. Ese hombre que has visto, al que teme tía Luisa y del que tú corrías lo mismo que se huye de un lobo, es solo un hombre libre que vive a su manera, sin que nadie lo ate y sin atar a nadie –su voz tembló un momento–. ¿No recuerdas, Teresa, que un día te hablé de mi hermano menor?

Sentí mi corazón latiendo más deprisa, y mis ojos se abrieron de emoción y entusiasmo: ¡el tío Andrés! Aquel hombre distinto, enorme, fuerte como una encina, ¡era mi tío Andrés!

Algo comenzó a cantarme por dentro: «¡Tío Andrés, tío Andrés, tío Andrés! ¡Tío Andrés se vuelve a casa, tío Andrés se vuelve a casa!». El pecho se me iba inundando de alegría, y el vagabundo de las ropas extrañas que parecía una encina se convirtió de pronto en un hombre distinto, magnífico, valiente, aventurero... ¡Qué ganas tenía de conocerlo! Y ahora ya sabía dónde había visto sus ojos; los tenía azules y brillantes, como los de tío Pop.

Pero ¿por qué motivo el tío Pop y el tío Andrés estaban de secretos? Primero se abrazaban y luego hacían como si no se vieran.

De pronto se me encendió la mente: ¡era por causa de tía Luisa! Tío Pop estaría buscando el modo de decirle que tío Andrés había vuelto, porque estaba seguro de que ella pondría el grito más arriba del cielo. Ya me la figuraba:

«¿Ese hombre es tu hermano? No lo puedo creer, Pop, ni lo creas tú tampoco. ¡Seguro que es solo un maleante que te quiere engañar!», exclamaría con ojos de desprecio.

Y el tío Pop bajaría la vista entristecido. Pero yo le ayudaría y tío Andrés se volvería a casa, quisiera o no quisiera tía Luisa, a pesar de su ropa gastada y su barba crecida. Me levanté de un salto: ya quería ir en busca de tío Andrés. Ahora mismo, sin aguardar un minuto siquiera.

¡Qué claro debían de hablar mis ojos!, porque no dije una sola palabra y el tío Pop me entendió.

—Espera, Teresa –exclamó deteniéndome–. El tío Andrés no vuelve para siempre. Vino solo para darme un abrazo y para ver de nuevo, aunque sea de lejos, la casa en que nació. No sé cuándo se irá, pero partirá pronto; ya sucedió otras veces.

Lo miré entristecida. De pronto, mi entusiasmo se convertía en humo. El tío Pop me tomó de las manos:

—El tío Andrés marchará, como marchó de joven. Su vida es marchar siempre y seguir por caminos distintos.

¿Marchar siempre? Lo miré sorprendida. Y ¿por qué marcharía?

No llegaba a entenderlo. Las marchas a mí me parecían tristes.

—Pero ¿por qué, tío Pop? ¿Es que huye de algo? –pregunté.

—No, Teresa, no huye; solo busca.

—¿Y qué busca? –pregunté aún más asombrada.

—Busca caminos nuevos, personas diferentes..., montañas, ríos, playas... Es lo mismo que el viento, que no tiene fronteras ni puede ser atado. ¿Lo entiendes ya, Teresa?

Sí, empezaba a comprenderlo. Sin embargo, también empezaba a inquietarme. Había algo que yo no entendía y me daba vergüenza preguntarlo; pero quería saber, y por eso hablé con la cabeza baja:

—Tío Pop, ¿cómo vive el tío Andrés? ¿De qué forma consigue su dinero? –apenas susurré.

—Ni roba ni tiende la mano para pedir limosnas, si es eso lo que piensas. Durante los veranos conduce los rebaños a las sierras más altas y acude a la vendimia o recoge algodón, aceitunas o frutas, allí donde sea necesario. Él dice que quiere vivir tan solo con lo justo, sin dejar que el dinero lo convierta en su esclavo. Además, arregla cualquier cosa: ruedas de coches, planchas, radios..., cualquier cosa, por difícil que sea. Y dibuja, y esculpe, y talla la madera, y toca la guitarra. Tiene las manos mágicas, Teresa.

Respiré con alivio; tío Andrés no era un mendigo, ni tampoco un ladrón. ¡Tío Andrés tenía las manos mágicas!

El tío Pop siguió hablando:

—El tío Andrés siempre fue diferente, Teresa. De niño soñaba que era el ciervo valiente que podía enfrentarse al lobo más fiero, o la cabra montés que, subida en la peña más alta, miraba sin temor al precipicio, o el conejo atrevido que engañaba a los zorros dando vueltas entre los matorrales. No jugaba como los otros niños a policías y ladrones, a moros y cristianos; jugaba a ser caballo, ciervo, conejo, cabra o un animal cualquiera que viviera corriendo y sintiéndose libre por el monte.

»Estudió una carrera por dar gusto a mis padres; pero llegó a ser hombre sin haber acomodado su alma inquieta a las cosas de todos..., y un día nos dijo que se iba.

»—Te vas sin porvenir, Andrés, y también sin amigos –le dijimos inquietos.

»—Dejadme que viva de momento, sin pensar en miedos ni peligros, lo mismo que la cabra que salta sin mirar hacia abajo.

»Y lo vimos partir, sintiendo que algo se nos rompía por dentro. Él también nos quería, Teresa. Sin embargo, no sabía vivir de otra manera.

»—Si no encuentras lo que quieres hallar, vuélvete con nosotros, Andrés –le grité cuando ya se marchaba.

»Ya ves, Teresa, desde aquel día ha llovido mucho, pero Andrés no ha vuelto para siempre.

Conocí a mi tío Andrés una noche en que había luna llena. A tía Luisa volvía a dolerle la cabeza, y nuevamente el tío Pop y yo nos quedamos a solas, compartiendo el silencio y la calma de la noche de julio. De pronto, entre los olivares, se oyó la voz de un búho. Otro búho le respondió enseguida; pero estaba ahí mismo, en el patio, a mi lado. Me levanté de un salto y miré por todos los rincones: en el tejado, en el nogal, en el hueco de todas las ventanas. ¿Dónde estaría aquel búho?

El tío Pop se reía.

—¡Corre, corre, Teresa! Tenemos poco tiempo –exclamó levantándose.

Pero ¿qué le pasaba?, ¿por qué de pronto le entraban tantas prisas?, ¿por qué no me ayudaba a encontrar aquel pájaro que teníamos tan cerca?, ¿no veía que yo quería encontrarlo?, ¿y por qué se reía?

Mi tío redondeó sus labios.

—Bu, bu –¡allí tenía al búho, cogiéndome la mano!

Lo miré fijamente creyendo que la noche nos había vuelto locos:

—Pero, tío Pop, ¿qué haces dando gritos de pájaro?

—¡Corre, Teresa, corre!

Y corrí aunque no lo entendía, mezclándose en mi mente la emoción y el asombro.

—Bu, bu –seguía haciendo el tío Pop.

—Bu, bu –seguíamos oyendo entre los olivares.

—Bu, bu..., bu, bu.

—Tío Pop, ¿adónde vamos?

—Ya lo verás, Teresa.

Yo corría haciéndome preguntas: ¿dónde estaría aquel pájaro?, ¿por qué causa tío Pop respondía a su llamada?

—Bu, bu; bu, bu –lo sentíamos cada vez más cercano.

Y por fin encontramos el búho que buscábamos. Entre los olivares estaba el vagabundo, grande como una encina, extraño, diferente... ¡Mi tío Andrés! También él, con la boca redonda, daba gritos de pájaro nocturno:

—Bu, bu...

Las piernas me temblaban, y apreté la mano del tío Pop. ¡Qué alegre me pareció la noche! Entre los olivares, el tío Andrés sonreía. Levantó los ojos a lo alto y vi la cara rojiza y asombrada de la luna, mirándonos. El tío Pop y el tío Andrés siguieron mi mirada.

—Bu, bu; bu, bu –repitieron jugando a asombrar a la luna. Yo también me asombraba, con asombro gozoso.

El tío Pop se reía como un niño:

—Aquí están los búhos que buscabas, Teresa.

Enseguida escuché que tío Andrés pronunciaba mi nombre. Pero no me atrevía a mirarlo de frente.

—¿Todavía tienes miedo? –preguntó con una voz amiga que en nada recordaba a voces de fieras. La vergüenza se me subió a los ojos y los clavé en el suelo, buscando el amparo de las sombras. Pensaba en cuando huí de él.

—Pero, si yo lo entiendo. Con este aspecto mío, cualquiera lo tendría. Parezco un ogro caminero, ¿verdad, Teresa?

Yo aún seguía azorada; pero el tío Pop me tomó por los hombros y me acercó a tío Andrés.

—Él quería conocerte. Pensé que tú también querrías conocerlo. Solo había que esperar que a tía Luisa volviera a dolerle la cabeza. Después, «bu, bu...». Otras noches también se oyó llamar al búho entre los olivares; pero entonces yo no le respondí. Era la contraseña, Teresa. Un día que estuviéramos solos contestaría a su grito y luego vendríamos a verlo. ¡Aquí, por fin!

El tío Pop sonrió, el tío Andrés sonrió, yo también sonreí y después ya fue fácil...

Tuvimos poco tiempo, pero lo aprovechamos. Mis tíos me hablaron de sus cosas de niños, de sus padres, su casa, sus perros, sus caballos. Después el tío Andrés acercó la guitarra y en la noche de julio cantamos los tres juntos, sentados en el suelo.

El tiempo se detuvo y ya no me acordé de que tenía solamente once años y ellos dos eran viejos. Allí seguía la luna, asomando entre ramas de olivos, escuchándonos. Cuando callamos, el silencio era alegre. El tío Pop lo rompió con tristeza.

—¡Tenemos que marcharnos, Teresa! –susurró levantándose.

—Pero ¿por qué el tío Andrés no viene con nosotros? No quiero que duerma debajo de un olivo —pregunté sin apenas pensarlo.

El tío Pop inclinó la cabeza.

—Me gusta dormir debajo de un olivo. Los búhos me acompañan –dijo el tío Andrés, riendo.

Yo miraba al tío Pop, pero el tío Pop callaba. La causa era tía Luisa, ¡lo sabía! Siempre tía Luisa, ¡siempre!

—Entiéndelo, Teresa, no podría quedarme. Mi vida es recorrer caminos. Lo elegí de muchacho y nunca lo he sentido. Pero, además, si ahora me quedara, estaría recogiendo en donde no sembré; quiero decir con eso que me aprovecharía del esfuerzo de otros. No quise trabajar en lo que había estudiado ni quise labrar las tierras de mis padres. Solo quise ser libre; y libre debo seguir hasta el día que muera. No tengo otro derecho que andar por los caminos. Escúchame, Teresa: si ahora me quedara porque empiezo a ser viejo, sentiría vergüenza de mí mismo. He sido como el viento y el viento acudiría allí donde estuviera: «yo nunca me detuve ni nunca me detengo», me diría.

No supe responder. Nos envolvió el silencio, y esta vez el silencio fue triste.

Cuando ya nos marchábamos, el tío Andrés me detuvo:

—Espera, Teresa –buscaba algo dentro de su zurrón.

—Son cosas que hallé por los caminos. Guárdalas si te gustan y piensa en mí, pero con alegría –me dijo al entregármelas.

Eran cosas pequeñas y sencillas: un helecho dorado, una concha pulida por el viento y las aguas, una hoja que el otoño había vuelto roja y, entre todas, extrañamente hermosa, ¡la pluma azul de un pájaro desconocido!

7

Un tremendo sobresalto

¡JULIO ya estaba terminando y en julio me habían sucedido tantas cosas...! El tío Pop y yo nos hicimos amigos, compartimos secretos, conocí a mi tío Andrés, escuché cosas de la familia, las palomas comían de mi mano, Susana se alegraba cuando sentía mis pasos, Zafiro dejó que lo montara... Julio fue un mes alegre. Yo estaba contenta todo el día. No me aburría un momento y durante la mañana esperaba impaciente la hora de la siesta. No había otra hora para mí como aquella. Con el paso del tiempo la emoción aumentaba.

Cada vez que volvíamos de los prados del río, miraba victoriosa al cuarto de tía Luisa. «¡Te vencimos de nuevo!», le decía por dentro.

Pero empezando agosto se torcieron las cosas y fuimos a encontrarnos enfrente del peligro.

Nos sucedió una tarde en que el calor envolvía los cuerpos y aplastaba los ánimos. La tierra parecía de plomo derretido. Entre los olivares las cigarras gritaban como nunca, desgranando chirridos que casi volvían loco a quien los escuchaba. ¡Qué día para andar por los campos! Bajando a los prados del río, apenas si nos quedaban fuerzas para mover las piernas. Daban ganas de dejarse caer en cualquier parte. Susana jadeaba; me daba pena oírla.

—¡Ay, tío Pop, yo creo que me estoy derritiendo! –murmuré.

—El día está de infierno; yo ya estoy derretido. Si pudiéramos bajarnos a otra hora...

Yo pensaba en tía Luisa: «Si ella lo dejara vivir a su manera... Pero ahí está siempre, con sus ojos de juez y el dedo de dar órdenes en alto. Y el tío Pop, para no disgustarla, aguantándolo todo». A veces yo llegaba a pensar, aunque no me gustaba hacerlo, que el tío Pop, a fuerza de ser bueno, también era cobarde.

Junto al río, igual que cada día, el frescor de las aguas y las sombras de álamos y chopos aliviaban el calor de la tarde. Y, además, escuchando los cascos alegres de Zafiro corriendo hacia nosotros y viendo la alegría de Susana, que salía a su encuentro, casi nos olvidamos del cansancio y el sofoco.

Al principio, la tarde fue igual que cualquier otra, aunque con más calor. Después todo se nos volvió oscuro y triste, lo mismo que con una tormenta repentina; pero en el cielo no había una sola nube y el sol seguía derramando sus rayos sobre el campo con las mayores fuerzas.

El tío Pop y Zafiro galopaban por la ribera arriba. Susana los seguía, un tanto retrasada, pero saltando alegre, igual que cada día. Y de pronto, dio media vuelta y se quedó parada con las orejas altas. ¿Qué podría pasarle? ¿Habría visto un conejo? Observé que comenzaba a menear el rabo, despacio y débilmente, como si saludara, aunque sin gran contento. ¡Qué extraña manera de portarse! Yo también me volví. Y no era un conejo lo que tenía delante. ¡El lobo feroz me parecía! Allí estaba tía Luisa, erguida y sofocada, con ojos de furia y asombro al mismo tiempo. Tenía los labios apretados de ira y las manos cruzadas contra el pecho. Debía de estar pensando que, al menor movimiento, el corazón se le haría pedazos.

Unos pasos detrás, azorado y nervioso, con la mirada baja, aguardaba Francisco.

Las piernas me temblaron. «¿Dónde podré esconderme?», me pregunté por un momento, y luego pensé en el modo de avisar al tío Pop. Pero no lo encontraba. Y allí me quedé, enfrente de tía Luisa, con los ojos clavados en la tierra, lo mismo que Francisco, esperando. Pensaba que yo también era cobarde, lo mismo que tío Pop. Los dos teníamos miedo. Sin embargo, ¿qué era lo que podría hacernos la tía Luisa?

«Atrévete a mirarla a los ojos, Teresa», me decía a mí misma. Pero no la miré. «Mejor sería que se abriera la tierra y nos tragara ahora, o la tragara a ella», continué diciéndome asustada, pero también furiosa por tener tanto miedo.

Mientras tanto, el tío Pop seguía tan contento, sin pensar en el calor ni en el cansancio. Zafiro parecía un potrillo y los dos corrían a galope tendido por la ribera arriba. Y por detrás tía Luisa tragándose la furia. ¿A qué estaría esperando para dejarla suelta?

Ya se oían las voces del tío Pop:

—¡Arre, arre, Zafiro, que tú eres de acero!

Ya venían por la ribera, agitando a su paso, alegremente, hojas de álamos y chopos. ¡Ya volvían! ¿Qué pasaría ahora?

El tío Pop vio a tía Luisa al salir de un recodo que ocultaban los árboles. Galopes y alegría quedaron detenidos. Y allí quedó tío Pop, con la sonrisa rota, jadeante, asombrado, mirándola sin pronunciar palabra.

Tía Luisa se adelantó a su encuentro. Caminaba con la cabeza alta y los ojos de fuego.

El tío Pop seguía sobre el caballo. Intentó una sonrisa y buscó una disculpa; sus palabras apenas se oyeron. Entonces se desató la ira de tía Luisa:

—¡Me has engañado, Pop, y eso no podré perdonártelo nunca! –exclamó con la mano extendida, lo mismo que si fuera una espada–.

¡Nunca, nunca, Pop!, ¡ni en mi lecho de muerte! –gritó fuera de sí.

El tío Pop balbucía más que hablaba:

—Pero, Luisa, te engañé por no darte sofocos, porque no te asustaras.

—¡Sofocos me das continuamente! ¡Tienes ochenta años, Pop!, ¡ochenta años! ¿Aún no lo habías notado? ¿Es que quieres matarte? El corazón de un viejo es como un saco roto... ¡Ochenta años, Pop!

—Setenta y siete, Luisa –se atrevió a murmurar.

—Tres años por arriba, tres años por debajo, qué más da... Méteteló en tu cabeza de chorlito: ahora lo que eres es flor de invernadero.

El tío Pop protestó débilmente:

—Pero, Luisa, tú tampoco eres una chiquilla.

Tía Luisa lo miró con desprecio:

—Por eso yo me cuido como es conveniente; pero tú te portas como un necio. Te lo repito, Pop, ¿es que quieres matarte y matarme de paso dándome sobresaltos? Hoy mismo te busqué y no hallé sino esa burla estúpida del palo y el sombrero. Figúrate el sofoco. Y gracias a que Francisco sabía dónde estabas. Él quería venir solo en tu busca. Pero yo tenía que ver con estos ojos míos las locuras que haces. Y por tu culpa, Pop, he tenido que cruzar los campos a estas horas.

Francisco se adelantó unos pasos:

—La señora insistió. Parecía que le iba a dar algo, un ataque o alguna cosa así. Don José, yo no habría querido…

—Lo comprendo, Francisco; yo hubiera hecho lo mismo.

Por tanto, el buen Francisco lo supo todo el tiempo y no movió los labios. ¡Si me hubiera atrevido, le habría dado un beso!

Poco a poco tía Luisa pareció ir calmándose:

—Te tengo que cuidar como se cuida a un niño, ¿es que no entiendes, Pop?

Comencé a respirar. «Quizás todo se quede tan solo en una tormenta de verano; después ya hallaremos la forma de montar nuevamente a Zafiro», pensé por un momento, solo por un momento, porque lo que escuché luego en labios de tía Luisa hizo que el calor se convirtiera en frío y que agosto me pareciera enero:

—Para evitar peligros, ahora mismo, Francisco, coge usted ese caballo que ya se cae de viejo y se lo lleva al pueblo. Usted verá en qué lugar lo deja, a mí me da lo mismo. Lo único que quiero es que el pobre animal tenga una muerte rápida.

Sus palabras sonaron tan terribles como tiros en mitad de la noche. No comprendía del todo, o no quería entender; pero miré a Francisco y lo vi más blanco que la nieve. Después miré a tío Pop y tenía los ojos de animal espantado.

—¿Qué estás diciendo, Luisa? Zafiro es mi caballo –murmuró con voz estremecida.

—Digo lo que has oído, Pop. Zafiro es tu caballo, tú lo has dicho, ¡solamente un caballo! Ha vivido bastante y ya solo le quedaba aguantar sus achaques. Una muerte ligera será lo más piadoso para él y también lo mejor para ti... Por tanto, no hay nada más que hablar. Ahora mismo, Francisco, se lleva usted a Zafiro.

A Francisco le temblaba la voz mientras le replicaba tímidamente.

—Señora, todavía está sano. En los prados ni gasta ni molesta –se atrevió a susurrar.

—Pero es viejo, Francisco, y no sirve de nada. Cualquier día se echa y ya no se levanta.

—¿Quién lo sabe, señora? En eso es igual que las personas. La muerte no perdona, pero no pone fechas; llega cuando ella quiere.

La tía Luisa apenas lo escuchó:

—Esta noche no quiero que el caballo esté aquí. Y ahora vámonos, Pop, y Dios quiera que estas locuras tuyas no vayan a darnos un disgusto.

El tío Pop, que aún seguía montado en el caballo, al oír a la tía Luisa, desmontó lentamente. Pero no la siguió. Comenzó a acariciar la frente de Zafiro, mirándolo a los ojos.

«¿Se estará despidiendo de él?», me pregunté asombrada y dolorida. «Pero ¿será posible que vaya a consentirlo? Pero si es su amigo, si nunca le falló, si lo domó a fuerza de cariño y paciencia... ¡Pues si él no hace nada, yo sí haré alguna cosa».

Estaba pensando qué palabras decir o qué cosas hacer. No hallaba la manera; pero la encontraría. Buscaría algún lugar donde tenerlo oculto. Estaba decidida. Zafiro viviría, quisiera o no tía Luisa.

El tío Pop lo seguía acariciando. No decía una palabra y Zafiro le ponía la cabeza sobre el hombro, resoplando cariño y confianza. «¿Cómo será posible que vaya a permitir que maten a su mejor amigo, aunque sea un caballo?», me estaba preguntando con rabia y con tristeza. «Tú que siempre sonríes, tú que nunca peleas, ¡tú, tú eres un cobarde, tío Pop!», comencé a gritarle por dentro.

—Pop, deja ya de portarte lo mismo que un chiquillo. Vámonos pronto a casa; el calor me derrite –ordenó la tía Luisa, dándose ya la vuelta.

Sin embargo, las palabras que empezaba a decir el tío Pop detuvieron sus pasos. Hablaba con Zafiro:

—Amigo –le decía–, puedes estar tranquilo; no hay nadie en este mundo que vaya a apartarte de mi lado. Morirás cuando sea la hora y no antes, Zafiro –el corazón comenzaba a latirme de otra forma–. Y ¿sabes una cosa? Ya no habrá más temores, porque yo vendré a verte siempre que me apetezca, y montaremos cuando comience el día o cayendo la tarde, que son horas tranquilas y suaves. Y después, en invierno, montaremos también; entonces saldremos cuando el sol haya templado el frío. Serán paseos cortos; ya sabes que vamos para viejos. Pero estaremos juntos y nos divertiremos. Escúchame, Zafiro: los años que nos queden de vida los vamos a vivir a nuestro modo.

Aquellas fueron palabras firmes y convencidas, que no admitían réplica. Después se volvió hacia tía Luisa:

—Y tú, Luisa, trata de comprenderlo. Zafiro es mucho más que un caballo; no puedo abandonarlo. Y ahora, vámonos. Tienes mucha razón: esta no es buena hora para andar por los campos.

La tía Luisa parecía de pronto una estatua de sal; no podía moverse. Sus ojos despedían centellas de luz negra y sus labios temblaban buscando palabras sin hallarlas. Estaba sorprendida y derrotada, y no podía aceptarlo, porque, seguramente, sería la primera derrota de su vida.

—Vamos, Luisa –le repitió tío Pop, tendiéndole la mano.

Tía Luisa rechazó la mano que tío Pop le ofrecía y empezó a caminar sola, nerviosa y sofocada, todavía con la cabeza alta y siempre dos pasos por delante de todos los demás.

Tío Pop tenía en la mirada un velo de tristeza y dudó unos instantes. «¿Se irá a volver atrás de todo lo que ha dicho?», pensé temiendo nuevamente.

Pero no lo hizo y también él siguió por medio de los prados con el paso seguro.

Descubrí en los labios de Francisco una cierta sonrisa. Yo también sonreía.

Cruzando entre campos de fuego, tío Pop tendió la mano otra vez a tía Luisa y ella la rechazó. Él ya no volvió a ofrecerle su ayuda, ni aun cuando, entre tierras aradas, se le hundían los tacones.

Tío Pop estaba entristecido, se leía en sus ojos. Sin embargo, él también caminaba con la cabeza alta.

Mirándolo, recordé una vieja canción:

Vuelve a casa el guerrero
valiente y victorioso,
pero vuelve cansado.
Solo busca reposo;
ha partido su espada
y ha estrechado la mano
del que fue su enemigo.

Y tía Luisa ¿tomaría la mano que el tío Pop le tendía? ¿Olvidaría su enfado? ¿Se borraría la furia que ahora había en sus ojos? Yo no estaba segura.

8

Susana

A partir de aquel día las cosas ya no fueron las mismas. El tío Pop y yo bajábamos a los prados del río sin miedos ni inquietudes, a cualquier hora. Sin embargo, yo estaba echando en falta la emoción de días anteriores. En cierto modo me gustaban aquellas escapadas; en cambio, tío Pop se sentía aliviado.

—Escapar tenía su emoción, lo reconozco, pero no me gustaba engañar a tía Luisa. Tía Luisa es mi mujer, entiéndelo, Teresa. Y no la juzgues mal por su cabeza alta y su mirada fría; eso es solo fachada. En el fondo me quiere. ¿No recuerdas cómo antes andaba preocupada por todo cuanto hacía?

Yo no estaba segura. No comprendía mucho las cosas de personas mayores. Pero me parecía que todo su interés y sus preocupaciones eran solo ganas de organizar y de pronunciar siempre la última palabra.

Ahora ya no daba ni consejos ni órdenes. Pasaba a nuestro lado sin mirarnos ni hablar, como una reina muda.

—Ya se le irá pasando –me decía el tío Pop.

—Pero ¿cómo, tío Pop?

—A fuerza de cariño y paciencia.

Sin embargo, el tiempo iba corriendo y las cosas seguían siendo iguales; y aún empeoraron la tarde en que tío Pop se cayó del caballo.

Estábamos en los prados del río, no al mediodía, como antes, sino ya con el sol casi oculto.

El tío Pop bajaba de Zafiro y sin saber por qué se enganchó en el estribo y se cayó hacia atrás. El pelo blanco se le tiñó de rojo en solo unos momentos. Corrí hacia él sintiendo que el espanto me apretaba fuerte las sienes.

Mas, cuando llegué a su lado, ya estaba intentando incorporarse. Tenía color de cera, pero me sonreía:

—No te asustes, Teresa. Mi cabeza debió de chocar contra una piedra. Me duele y estoy un tanto mareado; no obstante, no creo que sea nada importante. Ahora descansaré un poco y luego nos volvemos a casa.

Pero no fue posible, porque de aquella herida se escapaba la sangre como de un surtidor. Empapé mi pañuelo en el río y observé con alivio que oprimiendo la herida se contenía la sangre.

Sin embargo, había que mojar el pañuelo casi constantemente. De aquella manera no podíamos marchar. Hacía falta agua fría y alguien que oprimiera la herida. El camino era largo. No encontraríamos agua y, además, si estábamos en pie yo no llegaba ni al hombro del tío Pop; por tanto, ¿de qué modo podría sujetar el pañuelo en la herida? Tendríamos que mandar algún aviso a casa. Pero ¿de qué manera? Yo de ninguna forma podría dejar solo a tío Pop. Me asustaba mirarlo: estaba mareado y cada vez más pálido. No sabía qué hacer.

Susana debía de haberse dado cuenta de que algo ocurría. Se acercaba a su dueño, se echaba a sus pies, lloraba, le lamía las manos y luego movía el rabo como dándole ánimos.

Y de pronto una luz se me encendió en la mente: ¡Susana!

—¡Si Susana entendiera...! ¡Quizás Susana pueda! –murmuré buscando en mi bolsillo.

El tío Pop me miró sorprendido:

—¿Qué dices de Susana, Teresa?

—Digo que quizás nos saque de este apuro –respondí mostrándole, con aire de triunfo, un lápiz y un bloc de notas–. Ya sabes que me gusta escribir. Siempre voy preparada por si algo me inspira.

—¿Y ahora te sientes inspirada? –preguntó con asombro.

Le sonreí y comencé a escribir. Después puse la nota debajo del collar de Susana.

El tío Pop ya entendía.

—Veremos si Susana nos ayuda –murmuré–. ¡Corre, Susana, corre, vete a casa y avisa! Anda, buena perrita, que te necesitamos –añadí, señalando el camino.

La perra nos miraba. Pero no se movía. Me invadió el desaliento.

El tío Pop le acarició la frente.

—¡Corre, Susana, a casa! –exclamó palmeándole el lomo.

La perra corrió lo mismo que una liebre.

Nos había entendido desde el primer momento, pero estaba esperando la orden de su amo. ¡Cómo corría Susana! Parecía un animal joven, saltaba piedras y matorrales, se metía entre setos sin pensar en las zarzas. ¡Volaba!, no perdía un minuto.

—¡Susana, qué buena perra eres! –susurraba el tío Pop emocionado.

Y en casa ¿llegarían a entenderla? ¿Descubrirían la nota? Ésa era la inquietud que sentíamos luego. Pero no duró mucho, porque no

había pasado todavía media hora y ya estábamos de vuelta. ¡Qué alivio cuando oímos el cascabeleo de las cuatro mulillas sonando por medio de los prados!

—Si usted viera a la perra, don José –nos decía Francisco en el camino–. Parecía una loca. Se llegó primero donde la señora y ella no la entendió. Entonces se me vino a las cuadras, saltándome, llorando, dándome con las patas.

»—¿Qué te pasa, Susana? –le decía–. Y ella venga a aullar y venga a saltarme a las piernas; y a salirse, y a entrar y salir otra vez. ¡Y cómo me miraba! Yo creo que si no llego a ver el papel que tenía en el collar, esa perra me habla, don José.

»Y hasta que no me vio enganchar las mulas, no descansó aquel pobre animal, y eso que la lengua le llegaba hasta el suelo de haber corrido tanto.

Lo de tío Pop se nos quedó en el susto, pues fue una herida que no llegó muy hondo. Sin embargo, a Susana se le iba la vida por momentos.

—Yo no sé si podrá resistirlo. Su corazón ha trabajado mucho y ya tiene demasiados años –dijo el veterinario.

—¡Pobre Susana! Ha sido de tanto quererme –murmuraba tío Pop.

La tía Luisa no dijo una palabra; pero sus ojos hablaban por sí solos: «Te lo había dicho, Pop; ya no tienes edad para hacer ciertas cosas... Y ahora, mira: Susana se muere por tu culpa. Te está bien empleado...».

¡Pobre tío Pop! ¿Dónde estaba el cariño de tía Luisa? Susana, en cambio, aunque no abría los ojos ni casi respiraba, en cuanto oía su voz, ya le movía el rabo, lenta y pesadamente, porque no tenía fuerzas; pero lo movía.

Fueron tres días luchando con la muerte.
El tío Pop no quería dejar
a la perra ni un momento:

—Si se muere, que no se muera
sola, que se vaya del mundo
oyendo mis palabras.
¡Susana, Susanilla,
amiga mía...!

Pero aquel corazón, tan viejo y tan cansado, luchó con valentía y ganó la batalla. Una tarde Susana movió el rabo con menos lentitud.

El tío Pop y yo nos miramos con ojos de esperanza.

—Susana, ¿estás mejor? –le preguntó tío Pop.

Y Susana abrió un ojo y empinó las orejas.

¡Qué alegría de pronto!

—¡Susana está mejor! ¡Susana está mejor! –grité a toda la casa.

Luego salí al patio y primero se lo dije a Francisco, después a las palomas, a las nubes, a las gallinas..., y también al nogal y a las macetas; y hasta me acerqué al pozo y se lo grité a las aguas:

—¡¡Susana está mejor...!!

—¡Mejoooor! –respondió el eco.

—¡Mejooor! ¡Mejooor! ¡Mejooor! –canté saltando por el patio.

9

La encina sola

UNA tarde, Francisco, el tío Pop y yo volvíamos a casa desde un pueblo alejado. Todavía era temprano y el sol estaba alto.

—Francisco, me parece que aún nos queda tiempo de entrarnos por las sierras –dijo tío Pop.

—Queda tiempo de sobra, don José.

—Pues entonces, ¡adelante, Francisco!, caminito del monte. Te gustará, Teresa –añadió después tío Pop, mirándome.

Y hacia las sierras fuimos, por una carretera estrecha y empinada que subía, bajaba y daba vueltas rodeando montañas. Viéndola desde lejos, parecía una serpiente.

El día estaba fresco y el cielo completamente azul.

—Mira al cielo, Teresa; ya se anuncia el otoño –dijo tío Pop.

Miré al cielo. El tío Pop siguió hablando:

—En verano el calor tiende un manto que parece de gasa sobre cielos y montes, y después, cuando llega el otoño, lo descorre; por eso los montes son más verdes, y el azul de los cielos más limpio y más intenso. Mira al cielo, Teresa; ya está cerca el otoño.

Mirando estaba el azul de los cielos y el verde de los montes, cuando descubrí en lo alto de un cerro todavía muy lejano aquella encina sola.

Parecía un centinela vigilando la sierra. En el monte había cientos de matorrales; pero un único árbol.

—Mire usted, don José: la Encina Sola –dijo entonces Francisco.

—Ya la veo, Francisco.

Siguió un corto silencio que interrumpió tío Pop:

—Y usted, Francisco, ¿ha subido a ese monte?

—¿Yo al monte? ¡Ni pensarlo! Cuando era muchacho ya me hubiera gustado, pero no me atreví. En el pueblo algunos lo intentaron y ninguno llegó.

Yo escuchaba con orejas de liebre, sin perder un detalle. Allí había un misterio. ¿Qué tendría aquel monte?

—No es un monte muy alto —susurré.

—No más que los que le rodean; esta sierra es suave. Pero no es por su altura por lo que nadie se atreve a subir a la cumbre; es por esa encina sola –dijo el tío Pop.

—¿Y qué tiene esa encina? –pregunté sintiendo que mi emoción crecía.

—Es una historia muy antigua. Si quieres, te la cuento.

No hacía falta respuesta; mis ojos hablaban por sí solos. El tío Pop comenzó la historia:

—Dicen por estas tierras que hace muchos años, por uno de esos extraños caprichos de la vida, fueron a enamorarse dos jóvenes de raza y religión distintas. Él era hijo del rey moro de Córdoba y ella era hija del rey de Castilla. Y se querían, Teresa, y no había en sus mentes pensamientos que no fueran de amor. Pero un día lo supo el rey de Castilla y encerró a la princesa en la torre más alta de su reino. Siete puertas tenía aquella torre, siete llaves cada puerta. Sin embargo, según cuenta la historia, el hijo del rey moro buscó todas las llaves y abrió las siete puertas. Después, los dos enamorados huyeron a estos montes. De frutos y de amor se alimentaban, bajo el cielo sereno dormían y nada les faltaba, aunque nada tenían, porque estaban unidos.

»Mientras tanto, el rey moro de Córdoba hizo correr pregones, prometiendo, por el nombre de Alá, una bolsa de oro a quien pudiera darle noticias de su hijo. Y lo mismo dicen que juró dar, por el nombre de Cristo, el rey de Castilla.

»Y un mal día, un mercader avaro y miserable, que nadie sabe si fue moro o cristiano, descubrió a los enamorados dulcemente dormidos al lado de una peña. Y corrió, igual que corre el viento, primero a tierras de Castilla y luego hacia tierras de Córdoba, para obtener provecho en un lugar y en otro. Doblada, por tanto, tuvo su recompensa; doblemente manchado quedó su corazón.

»Lo demás fue muy triste. Aquí mismo, en el monte, murieron los dos príncipes, mirándose a los ojos, con las manos unidas; ella por espadas de moros; él por espadas cristianas.

»Y cuentan que después el amor se cobró su venganza, pues no hubo ni cristiano ni moro que tuviera las fuerzas suficientes para separar sus cuerpos; ni espada, ni puñal, ni cuchillo que pudiera cortar las manos que la muerte había unido.

»Los enterraron juntos allí donde murieron, en lo alto del monte. Y corriendo los días nació en aquel lugar esa encina que vemos, y siempre creció sola.

»Según cuentan, ese árbol no es igual a los otros, pues de encina solo tiene la forma. Dicen que no es un árbol, sino las almas de los enamorados que quieren estar juntas.

Cuando el tío Pop calló, ya estábamos muy cerca de aquel monte. Yo quería saber más.

—Pero ¿por qué motivo nadie sube a la cumbre? –pregunté mirando hacia lo alto.

—Porque dicen que en el monte acechan los peligros: malezas que aprisionan las piernas como si fueran cepos, zarzas con espinas lo mismo que puñales, gritos terribles, pasos de almas en pena... Y en la cumbre, la encina, con las ramas tendidas, como si fueran brazos dispuestos para ahogar a quien llegue hasta ella.

Yo miré hacia lo alto. ¡Allí estaba la encina!, oscura, misteriosa, solitaria... Mi corazón empezaba a saltar. Después miré al tío Pop, y el tío Pop me miró. Los dos nos entendimos: ¡queríamos llegar hasta la encina!

—¿Tú te atreves, Teresa? –me preguntó.

No dudé ni un instante:

—Yo me atrevo, tío Pop.

—Pues entonces, Francisco, ¡detenga usted las mulas, que nos vamos en busca de aventuras! –exclamó gozando como un niño.

Francisco detuvo las mulillas y nos miró con ojos asombrados, de admiración y miedo al mismo tiempo.

El tío Pop se reía:

—¿Y usted no viene con nosotros?

Francisco se hizo cruces:

—En las cosas de vivos nunca vuelvo la espalda, don José; pero con los fantasmas no quiero tener pleitos. Y no lo tome a mal, que yo nunca me meto en donde no me llaman. Pero ya sabe usted: según cuentan los viejos, esa encina está guardando el monte como si fuera suyo.

—Hombre, Francisco, esas cosas que cuentan son dichos solamente.

—Quién sabe, don José… Las cosas de aquí abajo se pueden conocer; de las cosas de arriba, ninguno tiene ciencia.

El tío Pop insistía:

—En fin, Francisco, yo creo que no hay por qué temer.

—Si usted no manda más, yo me quedo aquí abajo, cuidando de las mulas, no vayan a espantarse –le respondió Francisco.

—Pues entonces, Teresa, ¡comienza la aventura! –exclamó el tío Pop, empezando a marchar.

Francisco nos detuvo.

—¡Don José, por lo menos lleve usted este cuchillo, por si acaso! –exclamó sacando de debajo de uno de los asientos del coche un cuchillo de monte, tan grande que parecía un machete.

—De poco va a servirnos si encontramos fantasmas. Pero lo llevaremos por que quede tranquilo.

Cogimos el cuchillo y nos fuimos por el monte hacia arriba. Subíamos con pasos de emoción, sin hablar, esperando encontrar algo distinto y nuevo.

Yo no creía en fantasmas, pero quizás hubiera un misterio en el monte. Sin embargo, en las faldas parecía como todos. Hallamos matorrales, musgo sobre las peñas, el salto de un conejo, una perdiz en vuelo, algún rumor de aguas, silencio, soledad...

Subiendo, el monte comenzaba a espesarse. El matorral crecía y se ensanchaba. Más arriba ya no hallamos senderos. El cuchillo de monte iba abriendo caminos.

—Hasta aquí no ha subido ninguna otra persona –murmuró el tío Pop mirando en derredor–. En buena hora trajimos el cuchillo –añadió cortando a duras penas ramajes de coscoja.

—¿Y por qué no ha subido nadie hasta aquí arriba? –pregunté.

—Porque hay que esforzarse, Teresa. ¡Quizás también por miedo! –exclamó mirando hacia lo alto.

¿Por miedo? Yo no tenía miedo, pero qué hondo se sentía el silencio y qué larga y qué ancha era la soledad. También miré a lo alto. Allí estaba la encina... ¿mirándonos?

De pronto gritó un pájaro y yo me estremecí. Era un pájaro negro.

Subiendo más aún, el monte era como un mar de coscoja. Ya no había lugar donde dejar los pasos. Y la coscoja hería, y las piernas se hundían entre las hojas ásperas.

El tío Pop me miró:

—Teresa, ¿seguimos adelante?

Dudé durante unos momentos. La encina ya se veía muy próxima. Pero pensé que me dolían las piernas y me sentía cansada, y además, ¿qué era aquello que me oprimía el estómago y luego se subía a la garganta? ¿Es que tenía miedo? De nuevo levanté la mirada. Allí estaba la encina; ¿tendría algún secreto? Yo lo quería saber, aunque tuviera miedo.

—Seguimos adelante, tío Pop –susurré.

Subiendo, mi emoción aumentaba; pero también mi miedo. Sin querer, pensaba en voces misteriosas, en ojos de fantasmas, en ramas extendidas como si fueran brazos. Mi corazón saltaba si saltaba un conejo, volaba con el vuelo de un pájaro, se detenía si tío Pop se paraba... Pero seguí subiendo, despacio, con cansancio, con miedo.

Desde arriba la encina sola nos seguía mirando. ¡Qué cerca estaba ya! ¡Qué grande era su copa! Las piernas me temblaban. ¿Existirían los fantasmas? Ya no estaba segura... ¿Se tomarían venganza por perturbar su sueño?

Y seguimos subiendo. ¡Allí estaba la encina!, ¡a menos de diez pasos! La tenía delante y no podía mirarla. De pronto oí el grito asombrado del tío Pop y yo también grité, corriendo ladera abajo. Me seguían cien voces de fantasmas. La coscoja ya no era coscoja, sino antiguos cuchillos de moros y cristianos, y las ramas de la encina se iban alargando para alcanzar mi cuello.

La voz del tío Pop detuvo mi carrera:

—Pero, Teresa, hija, si no hay ningún peligro.

Me volví avergonzada, lentamente. Era cierto, no había ningún peligro. Ni gritos de fantasmas, ni cuchillos abiertos, ni ramas extendidas. Únicamente gritos de pájaros, coscoja espesa y áspera, y una encina con la copa muy ancha.

El tío Pop me tomó por los hombros:

—Es el miedo, Teresa, el que crea fantasmas en la mente. Cuando se tiene miedo, las cosas son terribles. ¡Y hay cosas tan hermosas...! Mira, Teresa, mira, ¡la encina no está sola!

Lo escuché con asombro. ¿Qué decía el tío Pop? No lograba entenderlo. Yo veía una encina.

—Mira al tronco, Teresa.

Miré al tronco y... ¡qué emoción sentí de pronto! Tenía razón tío Pop; no era una encina sola: de la tierra nacían dos troncos diferentes que, creciendo muy juntos, enlazaban las ramas y se abrían en una sola copa.

El silencio del monte aún se hizo más hondo. El tío Pop me miró y yo miré al tío Pop.

—Tío Pop, ¿tú crees en los espíritus?

—No sé, Teresa, hija.

—Tío Pop, pues yo creo que uno de esos dos troncos es el alma del hijo del rey moro y el otro es el alma de la hija del rey de Castilla. Y la copa, tío Pop, es el amor que los dos se tuvieron.

—No sé, Teresa, hija. Pero, de todas formas, dos troncos que se unen en una sola copa son algo muy hermoso.

10

Adiós, julio; adiós, agosto

EL tiempo se pasó sin que yo lo advirtiera. Ya empezaba septiembre y el verano se iba. Empecé a despedirlo con tristeza: adiós, julio; adiós, agosto. Apenas quedaban unos días para volver a casa, y no quería pensarlo. ¡Me dejaba tantas cosas detrás...! Sobre todo a tío Pop; pero además, Zafiro, las mulas, Susana, las palomas... ¡y la casa! Aquella casa antigua que se alzó a fuerza de cariño. Mirándola pensaba en Inés y Zacarías, y en su hijo, que soñaba con tener una familia grande. Y ahora la familia se estaba terminando: mi abuela ya había muerto, el tío Andrés se fue por los caminos, el tío Pop era viejo y mi padre pensaba únicamente en cosas de negocios.

Solo quedaba yo. ¡La casa y yo! Muy pronto tendría que dejarla, ¡y lo sentía tanto...!

¡Quién me lo hubiera dicho cuando empezó el verano! ¡Adiós, julio; adiós, agosto! ¡Adiós, verano diferente! Volvía la vista atrás y pensaba que durante aquellos meses aprendí cosas que antes no sabía y vi cosas que nunca había visto.

En julio vi nacer un ternero...

En julio los trigales estaban en sazón. Yo nunca había tenido una espiga en las manos. El trigo, dorado, crujía entre los dedos. Cuando soplaba el viento, el trigal susurraba. Después, una mañana, las espigas cayeron: comenzaba la siega. Por la tarde, cuando el viento sopló, ya no pude escuchar el susurro del trigo.

—Da pena verlo así; parece que se ha muerto –murmuré–. Si yo fuera trigal, no podría resistir perder todas mis espigas.

—Si yo fuera trigal, estaría contento por haber cumplido mi trabajo –me corrigió tío Pop mirándome a los ojos–. Teresa, casi todas las cosas suelen tener dos caras. Si puedes, mira la más alegre. Tú piensas que ahora los trigales han muerto, pero podrías pensar que descansan hasta el año que viene.

En agosto nacieron más de veinte pichones y empolló una gallina en medio de las zarzas. Una tarde apareció en el patio con sus once pollitos. ¡Qué alegría de píos y cloqueos! Yo nunca había visto una gallina cuidando de sus pollos. No les quitaba ojo. Si uno se alejaba, ya estaba ella nerviosa, llamándolo y siguiéndolo. Y luego, por las noches, ¡cómo abría las alas para cubrirlos a todos!

En agosto se recogió la fruta: peras, melocotones, brevas, albaricoques, paraguayas, ciruelas... Los árboles inclinaban las ramas, agobiados de peso.

En agosto, entre todos los árboles rebosantes de frutos, descubrí el pequeño ciruelo. Estaba en mitad de la huerta y no tenía una sola ciruela.

—Es muy joven aún, ¿verdad, tío Pop? –le pregunté.

—Tiene los mismos años que tendría tu abuela, si todavía viviera. Mi padre lo plantó el día que ella nació –me respondió.

Lo miré con asombro: era un árbol pequeño y retorcido, que apenas llegaría a la altura de un hombre.

—Ni crece ni produce; pero nunca pudimos averiguar la causa, a pesar de que siempre le dábamos ayuda de abonos, podas, labores de la tierra y abrigo de las ramas más débiles en heladas tardías. Sin embargo, él nunca nos dio frutos. Pero en marzo florecía el primero; se cuajaba de flores, rebosando de gozo. Parecía que estaba haciéndonos promesas. Y después, en verano, ¡ni una sola ciruela!

»Nosotros teníamos paciencia y también confianza.

»—Este año va a ser el año del ciruelo –decíamos en marzo, viéndolo tan cubierto de flores.

»—Y hasta parece que ya empieza a crecer –añadía mi madre.

»Pero nunca creció ni nos dio una sola ciruela.

—¿Nunca, tío Pop, ni siquiera una sola?

—Nunca, Teresa, ni siquiera una sola.

—Entonces ¿de qué sirve?

—Me sirve de recuerdo.

Lo miré con asombro, pidiendo explicaciones.

—Verás, Teresa, hace ya muchos años, un día mi padre perdió toda esperanza y se bajó a la huerta con el hacha en la mano.

»Tu abuela, que aún era muy niña, rondaba por allí. Le gustaba enredar por medio de los árboles y hurgar en los sembrados. Decía que era la labradora.

»—Basta ya, labradora, vete a labrar más lejos, que siempre estás en medio –le decía mi padre muchas veces.

»Aquel día, tu abuela jugaba muy cerca del ciruelo. Y, lo mismo que siempre, mi padre quería quitársela de encima, para que no estorbara.

»—Aparta, labradora, que tengo mucha prisa –le dijo.

»—¿Adónde vas, papá?

»—A cortar el ciruelo que nunca da ciruelas.

»A tu abuela se le mudó el color.

»—¿A cortar el árbol pequeñito? –parecía que no podía creerlo–. ¿Y por qué?

»—Porque no tiene una sola ciruela.

»—Pero tiene muchas hojitas verdes.

»—Tú no lo entiendes, hija. Ese árbol no sirve para nada: no trabaja, es pequeño y está en medio del huerto estorbando.

»Los ojos de mi hermana se agrandaron de inquietud y de asombro:

»—Yo también soy pequeña, no trabajo y siempre estoy en medio –susurró.

»—Pero tú eres la alegría de esta casa y trabajas teniéndonos contentos –le respondió mi padre cogiéndola en sus brazos.

»Los ojos de tu abuela se inundaron de alivio:

»—Pues ahora está lleno de hojas, y cuando llega marzo se pone con sus flores el primero. ¡Me parece que es un arbolito alegre! –exclamó señalando el ciruelo.

»Aquel día mi padre no se atrevió a cortarlo y volvió a nuestra casa con el hacha caída. Y ya lo ves, Teresa, ahí sigue el ciruelo todavía, en mitad del huerto, sin haber dado nunca una

sola ciruela. Y es que yo tampoco he podido cortarlo, porque paso a su lado y recuerdo que mi hermana, mirándolo, se ponía contenta.

Julio y agosto fueron meses alegres. Por eso me despedía del tiempo con tristeza:

—Adiós, julio; adiós, agosto... Buenos días, septiembre, ¿por qué has venido dándote tanta prisa?

11

La tormenta

AQUELLA tarde nos subimos al cuarto en que dormía tío Andrés cuando vivía en la granja, el que estaba en la torre, al lado de mi cuarto.

Allí tío Pop guardaba sus tesoros: libros, fotografías, recuerdos de familia y mil cosas antiguas e inservibles que no quería tirar porque decía que tenían historia.

Tía Luisa nunca subía a aquel cuarto. Decía que ver tanto desorden le alteraba los nervios. Y el tío Pop se alegraba, aunque no lo dijera, porque en él tenía su santuario. Allí se refugiaba cuando quería estar solo; sin embargo, a mí siempre me abría la puerta con contento.

En aquel cuarto, sintiendo arrullos de palomas sobre nuestras cabezas, solíamos hablar de hechos que pasaron hacía ya muchos años.

Me gustaba aquel cuarto, lleno de cosas viejas, y me gustaba hablar con el tío Pop.

Sin embargo, aquella tarde de mitad de septiembre, con los cielos oscuros anunciando tormenta, no hablábamos. El tío Pop estaba embebido en la lectura y yo también tenía un libro entre las manos; pero no lo leía. Pensaba nuevamente que marcharía muy pronto y, de tanto pensarlo, hablé casi sin darme cuenta:

—Tío Pop, si yo volviera para el año que viene, ¿tú te pondrías contento?

El tío Pop me miró con los ojos brillantes de alegría:

—¡Mucho más que contento! –exclamó dejando el libro en sus rodillas–. Mira, Teresa, ¡ya quiero que sea el año que viene!

—Pero aún falta mucho –añadí entristecida.

—Quizás yo vaya a verte antes y te cuente cosas de las mulillas, de Zafiro, de Susana... y lleve una paloma en la maleta.

Estábamos riéndonos cuando oímos el sonido de un trueno. Y enseguida escuchamos el segundo.

—Me parece que se acerca con prisas –dijo tío Pop mirando a la ventana.

El tercer trueno fue como un estallido. Después, los cielos se encendían y se apagaban en menos de un minuto.

—Además, va a ser una tormenta de las que rompen vidrios –añadió–. Menos mal que Francisco se subió los caballos a la cuadra.

El trueno que siguió hizo vibrar la casa.

Fue una tormenta enorme que desató su ira en ráfagas de viento y en torrentes de agua. Después el agua se convirtió en granizo y el viento en vendaval. Las ramas se quebraban y el tejado crujía como si fuera a irse por los aires. En lo alto, un ciento de centellas furiosas desgarraban las nubes.

Me aproximé al tío Pop y él me cogió las manos. Yo estaba estremecida. No suelo ser miedosa, pero aquella tormenta me parecía una lucha entre el cielo y la tierra: el viento, la lluvia, los truenos, los relámpagos.

En solo unos momentos
la tarde se hizo noche.
La casa temblaba igual que
una barquilla en medio de un
mar enfurecido. Parecía que
nadie podría defendernos.

—En septiembre las tormentas hacen mucho ruido. Pero se pasan pronto, ya lo verás, Teresa. Después el campo huele a tierra mojada y a hierba limpia, y además... «las nubes se levantan, los pajarillos cantan; que sí, que no, que caiga un chaparrón de azúcar y turrón» –canturreó tío Pop para tranquilizarme.

Pero el canto se le cortó en los labios: un relámpago nos inundó de luz y enseguida escuchamos el ruido del trueno. ¡Dios mío!, sentí como si cien tambores de guerra redoblaran todos al mismo tiempo dentro de mi cabeza.

—La tenemos encima, pero ya irá pasando –susurró nuevamente el tío Pop.

La teníamos encima, de eso no había duda, y pasó; pero pasó dañando.

Sucedió en un instante. En el cielo vimos aparecer un látigo de fuego que, apartando las nubes, venía hacia nosotros; y al mismo tiempo, un trueno terrible, enorme, seco, rompió el silencio en pedazos pequeños. Parecía que las cosas saltaban de su sitio, que se caía la casa, que el techo se nos venía encima. Sin embargo, no fue más que un instante. Después volvió el silencio. El tío Pop me miró con ojos de ansiedad:

—Ese rayo nos ha caído al lado. ¡La torre es el lugar más alto de la casa!; es extraño que no nos alcanzara –murmuró mirando de un lado para otro, como si no creyera que aún siguiéramos vivos–. ¡Las cuadras! –gritó de pronto, empezando a correr escaleras abajo.

En la sala, tía Luisa y Juana rezaban el trisagio muy deprisa, con caras espantadas.

—¿Estáis bien? –les preguntó tío Pop. Pero siguió corriendo sin esperar respuesta.

Para ganar más tiempo salimos por la puerta trasera. No sentíamos la lluvia ni oíamos los truenos; ni siquiera veíamos la luz de los relámpagos. Corríamos contra el viento, los dos juntos, los dos con el mismo temor: ¡Zafiro!

Pero el rayo tampoco había caído sobre las cuadras. Tío Pop suspiraba, aliviado, acariciando la frente del caballo. Si aquel rayo no hizo daño en la casa, ni tampoco en las cuadras, lo demás ya le importaba menos.

Quizás cayera en los corrales, o sobre el gallinero. Lo sentiría también, pero era distinto...

La tormenta empezaba a calmarse. Los truenos no se oían tan cercanos, el viento aplacaba su furia y la lluvia ya no era un torrente.

—¿Lo ves, Teresa? La teníamos encima, pero se alejó pronto. Como siempre, ¡fue mayor el ruido que las nueces! –exclamó el tío Pop abriendo la puerta de la cuadra.

Pero se equivocaba. Por una vez al menos fueron más las nueces que el ruido que hicieron.

Seguimos la ronda por la granja: corrales, gallineros, zahúrda..., todo estaba tranquilo.

—¡Qué extraño! –murmuraba tío Pop–. Yo hubiera jurado que aquel rayo nos cayó a menos de dos metros.

—¡Caería en un árbol! –añadí yo.

—En fin, mañana lo veremos. Cuando Francisco regrese de su casa, que busque en la arboleda o entre los naranjos. De todas formas, ahora estoy más tranquilo.

Volvíamos por el patio, esta vez ya sin prisas, porque apenas caían cuatro gotas.

—¿Te asustaste, Teresa...? –me preguntó tío Pop.

Yo asentí suspirando, pues todavía notaba el miedo corriendo por mi cuerpo.

—¿Y tú no te asustaste, tío Pop?

Esperé una respuesta, pero no oí ninguna.

—Dímelo de verdad. Prometo que no se lo diré a nadie –insistí.

El tío Pop seguía mudo. Lo miré sorprendida, y lo vi pálido y tembloroso, con los ojos clavados en el centro del patio. Yo seguí su mirada y allí estaba el recuerdo que el rayo nos había dejado: ¡el nogal de Inés y Zacarías caído sobre el pozo, con una herida negra y honda que lo partía por medio!

No puedo explicar lo que sentí. Solo sé que fue algo muy triste y muy profundo. Lo miraba allí roto y no podía creerlo: ¡el nogal de mis tatarabuelos!, con su copa, tan ancha, que sombreaba el patio casi entero, con sus ramas tan altas que ya casi llegaban más alto que el tejado. ¡Todavía era tan fuerte! Parecía que el tiempo no podría hacerle daño, que viviría siempre. El nogal era el árbol de toda la familia; debajo de sus ramas se debieron de contar tantas historias...

¡Cuántas cosas escucharía aquel árbol! Y ahora... Allí estaba, sobre el pozo, ¡muriéndose!, porque mueren los árboles, lo mismo que las casas, igual que los jardines. Lo aprendí aquel verano; antes no lo sabía.

Me volví despacito hacia el tío Pop. Seguía pálido y mudo. De pronto me parecía más viejo, igual que si los años hubieran caído sobre él como cae la lluvia. Pensé que las piernas no podrían sostenerlo; pero muy lentamente se aproximó al nogal. Cuando estuvo a su lado, se inclinó sobre el tronco y acarició las ramas.

Yo tenía solamente once años y no había visto nunca tanta tristeza junta. A tío Pop la pena que sentía en su alma se le veía en el cuerpo. Yo veía tristeza en su espalda inclinada, en la cabeza gacha, en sus manos crispadas sobre el tronco.

Me acerqué muy despacio, de puntillas, para no hacer ruido y no estorbar la pena de tío Pop.

—Tío Pop, plantaremos un nogal los dos juntos, en este mismo sitio –me atreví a susurrar al cabo de algún tiempo.

Él estrechó la mano que yo le había tendido.

—¿Y para qué, hija mía? Si ya no habrá quien lo vea crecer.

¿Qué le podía decir? Él me seguía hablando:

—Teresa, ese rayo solo ha sido un anuncio. Todo se va a acabar. Lo sé, Teresa. Hoy se ha muerto el nogal, después será Zafiro, o Susana, o yo. Son cosas de la vida. Y no creas que me asusta la muerte; pero cuando yo muera, la casa dejará de ser de la familia. Eso sí que me duele. Tía Luisa no querrá conservarla y, aunque quisiera, hija, al fin sería lo mismo; también ella tiene ya muchos años. Cuando yo me muera, se venderán las mulas, y comprarán un coche de motor, y se irán las palomas, porque hay que cuidarlas y hacen mucho ruido. ¿Te das cuenta, Teresa? ¡Qué tristeza! La casa sin nogal, sin mulas, sin palomas... Ya no será la misma. Lo sé; con el paso del tiempo, las cosas se terminan o se vuelven distintas. Mas, ¡ay!, cuánto duele pensarlo... Perdóname, Teresa, no quiero entristecerte; pero sé que me entiendes. Si no hablo, me romperé por dentro.

Yo también estaba a punto de romperme. Y no quería pensarlo, lo mismo que tío Pop. Venderían las mulas y se irían las palomas. ¡Qué triste se quedaría la torre sin arrullos ni vuelos! La casa sería de otras personas. Entonces, ¿quién iba a recordar, cuando pasara el tiempo, al labrador alegre y charlatán que a causa de querer a una moza pequeña se fingió caballero? ¿Quién contaría después esa historia a sus hijos?

Lo supe de repente. Se encendió una luz en mi espíritu y fue igual que el sol cuando sale entre nubes: ¡ni casa, ni mulas, ni palomas iban a ser de otros! El tío Pop lo había dicho: «Si tu padre quisiera, la casa sería suya». Mi padre no quería, pero yo sí quería.

Acaricié las ramas caídas del nogal y miré al tío Pop. La voz casi no me salía:

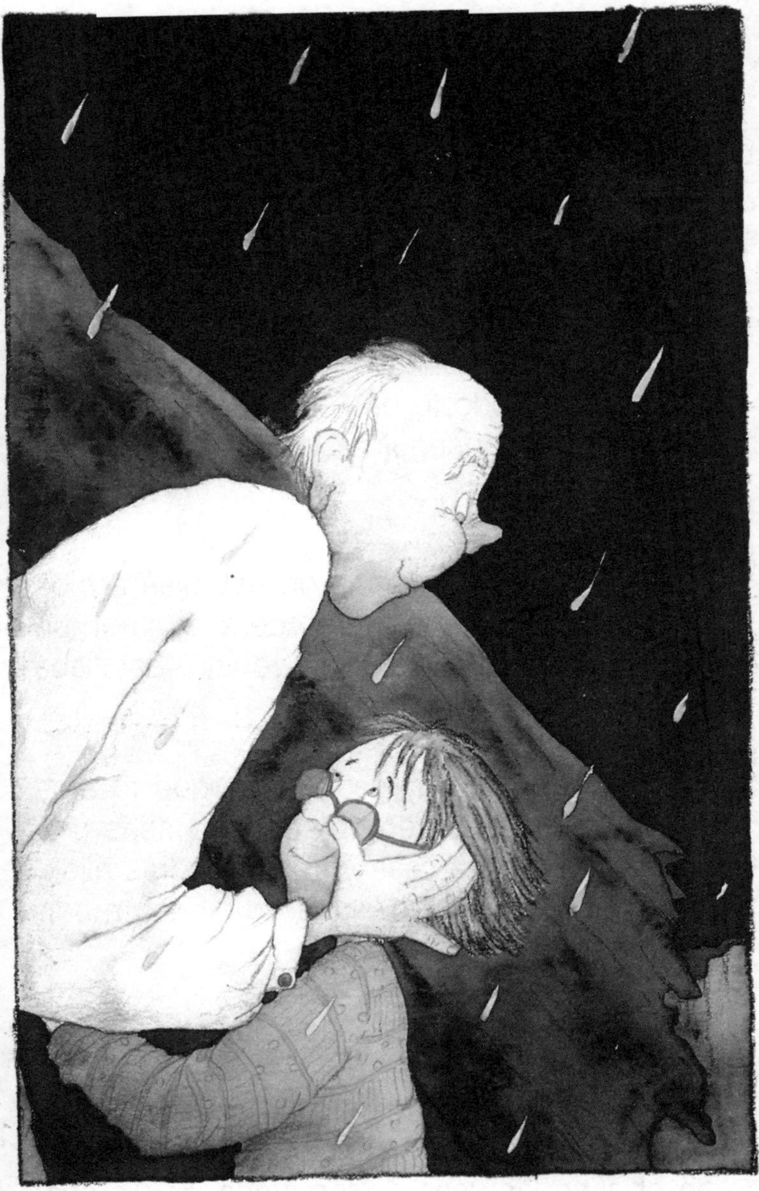

—Tío Pop, si tú quieres, veremos crecer un árbol los dos juntos.

Él levantó la vista.

—Tampoco yo puedo resistirlo... –susurré–. Esta casa nunca será de otras personas. Yo la quiero, tío Pop. Ahora todavía soy pequeña; pero no queda mucho para que sea mayor. Me comeré todo lo que me pongan y verás cómo crezco enseguida –añadí con un tono de broma.

A tío Pop se le encendieron estrellas en los ojos y los años se le fueron de encima en un momento, igual que habían venido. Estallaba de gozo:

—¡Ya sabía, Teresa –casi gritó–, que tú eras distinta...! ¡Estoy seguro! Cuando seas mayor cuidarás de la casa y luego tendrás hijos. Y ¿sabes qué te digo?: que no pienso morirme hasta que no los vea.

—Vivirás mucho tiempo, tío Pop.

—Si me empeño, llegaré a los cien años. Parece que lo veo: la torre todavía más blanca y en el patio las risas de los niños. Sí, Teresa, hija mía; plantaremos un árbol en este mismo sitio y crecerá contento. Y, ¿sabes?, además haremos otra cosa. Mañana, en cuanto abra el día, nos iremos a los prados del río y empezaré con la doma del potro; la está pidiendo a gritos, y ahora ya tiene dueña. ¡Él será tu caballo, Teresa!

Fin

Índice

La autora:
Concha López Narváez 5
Dedicatoria *Para ti...* 7

Nieve de julio
1. Nieve de julio 9
2. El labrador que dijo ser caballero 22
3. El secreto del tío Pop 37
4. Un secreto compartido 52
5. El miedo 63
6. La pluma azul del pájaro desconocido 74
7. Un tremendo sobresalto 90
8. Susana 104
9. La encina sola 113
10. Adiós, julio; adiós, agosto 127
11. La tormenta 135

También te gustarán

Otros libros de cuentos

Las tres piedras y otros cuentos. Juan Muñoz
Colección Altamar, n.° 8

Las tres piedras ganó el Premio Doncel de cuento infantil; ahora, junto a otros doce cuentos sorprendentes todos ellos por su amenidad y fantasía hablan de lo que siempre nos ha gustado: enanos y gigantes, bailes de esqueletos, zapatillas mágicas que vuelan, bufones y vendedores de imposibles...

Otros libros de misterio

Los extraños vecinos del bajo B.
César Fernández García
Colección Altamar, n.° 151

Un repugnante líquido verde, claro y denso, con grumos de un amarillo oscuro, sale por debajo de la puerta del bajo B. Y es que, desde que los nuevos inquilinos llegaron a la vivienda, están pasando cosas muy extrañas. Incluso desaparece inesperadamente Ramón, el vecino del tercero A, que es investigador del CSIC. Álex cuenta con la ayuda de su hermana Paz y de la divertida ardilla Sana, para descubrir el misterio que rodea a los vecinos del bajo B.